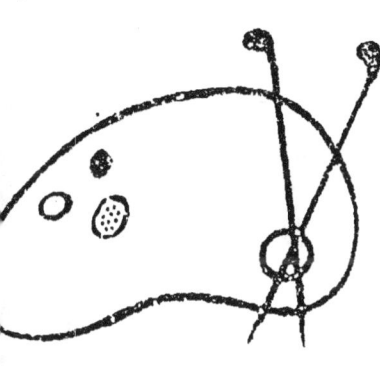

Couvertures supérieure et inférieure en couleur

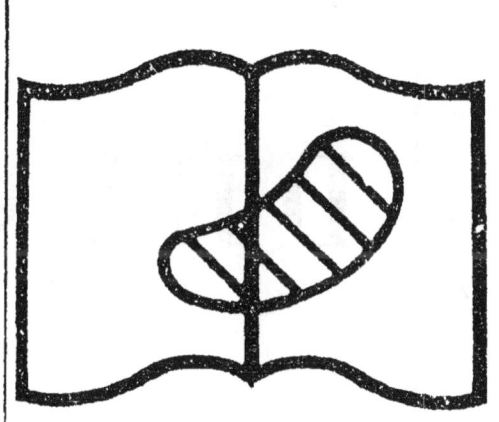

Pagination partiellement illisible

VALABLE POUR TOUT OU PARTIE DU DOCUMENT REPRODUIT.

LES HÉROS MODERNES

LA DÉVOUÉE

PAR

LÉON HENNIQUE

DEUXIÈME ÉDITION

PARIS
G. CHARPENTIER, ÉDITEUR
13, RUE DE GRENELLE-SAINT-GERMAIN, 13
1879

Extrait du Catalogue de la BIBLIOTHÈQUE-CHARPENTIER
13, RUE DE GRENELLE-SAINT-GERMAIN, 13, PARIS.

OEUVRES
DE
ALPHONSE DAUDET

FROMONT JEUNE
ET
RISLER AINÉ
MŒURS PARISIENNES
Ouvrage couronné par l'Académie française

CONTES DU LUNDI
NOUVELLE ÉDITION
REVUE ET CONSIDÉRABLEMENT AUGMENTÉE

LES AMOUREUSES
POÈMES ET FANTAISIES

Chacun de ces ouvrages forme un volume et se vend séparément; Prix : **3 fr. 50**

CONTES CHOISIS
Avec deux eaux-fortes, par **EDMOND MORIN**
FORMANT UN JOLI VOLUME IN-32 DE POCHE; PRIX : **4 FR.**
(Collection de la Petite Bibliothèque-Charpentier)

LE NABAB

Paris. — Imp. E. Capiomont et V. Renault, 6, rue des Poitevins.

LA
DÉVOUÉE

LES HÉROS MODERNES

LA DÉVOUÉE

PAR

LÉON HENNIQUE

DEUXIÈME ÉDITION

PARIS

G. CHARPENTIER, EDITEUR

3, RUE DE GRENELLE-SAINT-GERMAIN, 13

1878

Tous droits réservés

AUX FRÈRES D'ARMES

HENRY CÉARD & J.-K. HUŸSMANS

J'OFFRE

CE ROMAN NATURALISTE

PREMIÈRE PARTIE

I

— Oui, monsieur Barbelet, vous avez raison, je dois me soumettre.

— Tu es une bonne enfant, Michelle.

Ils demeurèrent un instant silencieux ; le vieillard en manches de chemise, sa redingote sur un bras, énorme, débraillé, poussif, l'œil éteint, couvert de sueur, un mouchoir à carreaux jaunes suspendu à l'une des boutonnières de son gilet blanc ; la jeune fille grande, très-sérieuse et très-pâle, vêtue d'un costume gris à raies bleues, le regard humide sous un grossier chapeau de paille que le soleil traversait pour lui dorer la peau et pour teinter de roux ses cheveux lisses, châtains et touffus.

L'après-midi était torride. Le couple marchait lentement. Devant et derrière lui, un sentier poudreux filait presque en ligne directe, entre deux talus desséchés ; mais, à sa droite et à sa gauche, la plaine s'étendait calme, puissante et fière de sa fécondité. Un ciel immaculé ruisselait sur les moissons coupées de ravins, de chemins de terroirs, de monticules et de haies vives surmontées par des peupliers à larges cimes. L'orge, les seigles, les avoines, les blés, tièdes, murs, pleins d'herbes folles, de pavots sauvages, de liserons violacés, de marguerites, de boutons d'or et de barbeaux couleur d'azur faisaient la sieste, tandis que le plumet feuillu des betteraves verdoyait tranquille sous le flamboiement de l'été. Au sommet d'un gros chêne une bande de sansonnets jacassait. Çà et là, des champs de trèfle et de luzerne s'allongeaient si drus et si fleuris au milieu des autres récoltes, qu'ils ressemblaient à des lacs d'émeraude sur l'eau desquels une écume rose aurait dormi.

Le colza n'avait pas tenu sa promesse cette année-là; aussi, en compensation, afin d'égayer l'œil du paysan furieux, la terre avait-elle enfoui les maigres choux dans une foule de plantes multicolores, si bien que la moisson pauvre s'abritait à l'ombre des parasites superbes. Un peuple de papillons safran, amoureux, vif, bariolé se baignait dans l'air chaud.

A la hauteur d'une garenne isolée entre un carré d'œillettes et une pièce de féverolles, les promeneurs s'arrêtèrent.

— Ouf! soupira Barbelet; et il se laissa crouler lourdement sur le gazon, à l'ombre d'une touffe de noisetiers.

Michelle s'assit à son tour. La nuance de ses bottines et du bas de sa robe disparaissait sous une épaisse couche de poussière. Elle ne s'en préoccupa point, disant :

— Que voulez-vous, je n'ai pas de chance.

Dans les flots du jour, au milieu des récoltes, sur la lisière des chemins, partout, les alouettes ivres de beau temps chantaient à perdre haleine. Des troupes d'hirondelles jouaient avec mille petits cris délirants. Au loin, le long d'un éteule, une immense tache rouge croupissait; on eût pu croire qu'un animal monstrueux avait saigné là. C'était une masse de coquelicots dont l'assemblage avait triomphé des jeunes blés.

Michelle reprit :

— Depuis que je me connais, ma vie n'est qu'une suite de déboires. Ah! on n'a pas tort de le crier sur les toits : tout n'est que déception en ce monde. Je ne me vois heureuse qu'à l'époque où mon père dirigeait son magasin d'horlogerie, c'est-à-dire quand nous étions gamines, ma sœur Pauline et moi. Chaque dimanche, maman nous conduisait à Bois-de-Colombes, chez une de ses parentes; il y avait là une chèvre, des poules, des lapins, des fleurs, un grand coq qui venait manger dans nos mains, une petite amie que j'aimais bien, et un perroquet qui ne nous mordait jamais. Je me souviens aussi d'un soir où, pour nous amuser, papa fit sonner, presque en même temps, toutes les pendules et toutes les horloges du magasin; ce tintamarre nous causa une grande joie. J'en suis réduite à me souvenir de cela, aujourd'hui. — Vous la rappelez-vous, maman?

— Oui, Michelle.

— Elle est morte un samedi, à huit heures du matin. J'avais douze ans. Je la vois encore étendue sur son lit, les yeux creux, la bouche contractée, ses deux longs bras minces allongés sur la couverture. On lui avait coupé les cheveux pendant sa maladie. Elle a pleuré un instant avant de mourir, parce que papa m'avait brusquée. C'est joliment dur de s'en aller comme ça, tout d'un coup, sans trop se plaindre à cause de ceux qui restent. Pauvre maman!

Barbelet jeta une tige de pimprenelle qu'il mâchonnait; puis tyrannisant ses favoris courts et rudes, ne comprenant pas encore à quel sujet la jeune fille voulait revenir, il se mit à la contempler, très-digne et la mine grave. Non loin d'eux, sur un hêtre, une tourterelle des bois égarée roucoulait; de minute en minute on entendait le claquement de ses ailes contre les branches. Un bourdonnement continu montait entre les feuilles; il produisait une musique sourde.

Michelle continua :

— Mon père ne s'est jamais beaucoup occupé de moi, pas plus que de Pauline d'ailleurs ; à ce point de vue, je ne suis pas jalouse d'elle. C'est à peine s'il nous adresse la parole de loin en loin. Voyez-vous, mon parrain, pour lui nous sommes des domestiques qu'il ne paye pas, et voilà tout. Le soir, avant de se coucher, il nous embrasse sur le front, mais c'est par acquit de conscience. Nous a-t-il déjà regardées attentivement? je me le demande. Chacun a sa manière d'aimer, je n'en doute pas; néanmoins, avouez que la sienne est fort peu démonstrative. Depuis qu'il s'est retiré du commerce, et qu'il nous a logés aux Moulineaux, on ne l'aperçoit qu'aux heures des repas, et les soirs où, par hasard, il invite quelques personnes à dîner. Le reste du temps, il s'enferme dans une chambre, au sommet de la maison, et il travaille. Défense nous est faite de le déranger ou de pénétrer dans cette chambre. On croirait qu'il n'a pas confiance en nous. Une fois, je ne sais pas ce qui l'a pris cette fois-là, il nous a confié qu'il était sur la piste d'un système pour diriger les ballons. Je ne demande pas mieux que d'applaudir à ses découvertes moi, mais au moins, faudrait-il qu'elles vissent la lumière, n'est-ce pas?

Une brise tiède et odorante accourut de très-loin, frôlant la plaine, soufflant sur les tisons dont la semence voleta, heurtant les tiges délicates, inclinant d'une manière très-douce la masse compacte des dravières et des hivernaches. Les orties tremblotèrent, les senets et les raveluches s'accablèrent de salutations mignardes, le gazon encombré de bruyères flétries, de pâquerettes finement ciselées, de pissenlits jaunes d'or courba ses lances vertes; les arbres s'enflèrent comme des voiles; le concert des insectes s'accentua dans la garenne.

Barbelet s'étendit sur le dos, les yeux tournés vers les profondeurs du ciel. Au-dessus de lui, son ventre formait une espèce de demi boule; quant à ses jambes courtes et grasses, elles se tenaient immobiles, vautrées dans l'herbe aussi épaisse qu'une fourrure. On sentait qu'il lui était pénible de parler, à cause de la chaleur. Il grasseya cependant :

— Jeoffrin est un homme très-intelligent.

Michelle murmura :

— Oui, mais il mange sa fortune.

— Crois-tu?

— Oh! répliqua-t-elle, j'en suis sûre. Vous savez bien qu'il a la manie des inventions. Avant de s'occuper des ballons, il a passé des années à rechercher les moyens de produire le diamant. Il en a même fait un, par hasard ; souvenez-vous...

— Je me souviens.

— Mon Dieu! dans quelle colère il est entré, lorsqu'il a compris son impuissance à en façonner un second. Ma sœur et moi étions terrifiées; nous pensions qu'il allait devenir fou tant son aspect et ses manières avaient changé... Voyez-vous, parrain, l'avenir ne me présage rien de bon; à cette heure, mon père ne doit plus avoir grand argent à gaspiller. Enfin! tant pis et tant mieux. Une chose certaine : c'est qu'il ne mourra pas de faim, l'oncle Clérambeau nous ayant laissé par testament, l'année dernière, à nous deux Pauline seulement, une somme d'à peu près cent mille francs à laquelle mon père ne possède aucun droit. La moitié de cette somme m'appartient depuis hier ; j'ai vingt-et-un ans. Pauline, qui n'est pas majeure, ne pourra disposer de sa part que le jour où elle sera... mariée, c'est-à-dire dans un mois.

— Parfaitement. Chose bizarre! ton père se trouve être ton héritier.

— Oui, mon parrain, mais il n'en serait pas là si, comme vous, il avait embrassé une carrière susceptible de l'occuper sa vie durant.

— Je lui cède ma place de commissaire de police à Issy. — Dis donc, Michelle, quel malheur que tu ne sois pas ma vraie fille!

Celle-ci eut un bon sourire.

— Oh! répondit-elle, mon caractère est triste, à la fin des fins je vous aurais ennuyé.

Barbelet se récria :

— Jamais! jamais! Veux-tu que je t'adopte?

Ils se regardèrent un instant, la figure joyeuse. Le vieillard s'était campé sur son séant. Michelle fut la première qui redevint calme. Elle lui demanda :

— Quelle heure est-il?

— Cinq heures; nous avons le temps. On dîne tard chez toi les jours de cérémonie.

Elle recommença ses plaintes :

— Je dois vous sembler passablement détraquée parfois, hein? c'est depuis ma fièvre typhoïde, quand j'avais dix-huit ans. Tenez, cette fièvre typhoïde!... elle aurait bien dû m'emporter, ça aurait mieux valu.

— Voyons Michelle, ne dis pas de bêtises.

Et comme il lui parlait sérieusement, avec des gestes onctueux, tout à coup, sans plus longs préambules, elle s'emporta :

— Non! je le répéterai jusqu'à satiété : je n'ai pas de chance,... pas de chance! Haussez les épaules, moquez-vous de moi, cherchez des phrases banales afin de me les servir, que m'importe! vous ne me prouverez point que je suis née coiffée, j'espère. Je n'ai pas de chance!

Pourquoi suis-je venue au monde? pourquoi ma mère est-elle morte si tôt, quand j'avais besoin d'elle? pourquoi ne suis-je pas morte moi-même? pour quelle raison êtes-vous la seule personne qui m'aimiez?... Êtes-vous satisfait?... Non? Eh bien, pourquoi suis-je amoureuse du fiancé de ma sœur?

Un sanglot lui sortit de la gorge.

Alors Barbelet la réprimanda:

— Tu m'avais promis d'être raisonnable.

Puis, très-ému, ne découvrant aucune consolation, aucun autre reproche utile à lui adresser, il l'embrassa. Et comme elle pleurait sans grimaces, le visage placide, la poitrine violemment agitée, le brave homme éprouva le besoin de lui dire encore quelque chose, mais il n'articula que ces mots:

— Tous les chagrins sont passagers.

Et il se tut. La niaiserie de sa phrase l'avait troublé; il craignit d'avoir froissé Michelle. Son étonnement fut donc presque gai lorsqu'elle lui dit, la voix molle, après avoir ôté son grand chapeau de paille qui la gênait:

— C'est possible! dans longtemps, longtemps; on ne peut pas prévoir. Néanmoins, je ne suis plus une enfant. Pensez-vous que je ne me sois point raisonnée? Les filles de mon âge ne s'amourachent plus à la légère. La première fois que je le rencontrai, au presbytère, chez l'abbé Roche, il me déplut ; son nom, Octave Blaisot, m'avait choquée, ensuite il est pharmacien, un état presque drôle ; vous savez, on a fait un tas de plaisanteries sur les pharmaciens. Allez donc croire à la durée des impressions ! On m'a généralement reproché la froideur avec laquelle j'accueille les gens qui me sont inconnus, aujourd'hui je la hais, cette froideur ! parce que sans elle il m'aurait peut-être choisie. Enfin, voilà : petit à petit, je me suis habituée à sa tournure, il est très-bon et très-aimable. J'ai commencé par me sentir heureuse, quand il venait, puis, une après-midi, le souvenir de sa personne, de ses moindres gestes m'a obsédée. Je le soupçonne de s'être aperçu de quelque chose, car il a longtemps hésité entre ma sœur et moi. Pauline l'a emporté...

La jeune fille ne pleurait plus. De fines gouttelettes de sueur pareilles à de la rosée scintillaient sur le duvet de ses lèvres aussi rouges que des fleurs de cyclamens. Traversant les branches enchevêtrées au-dessus d'elle, un rayon de soleil droit comme une lame d'épée lui posait sur la tête un placage de lumière.

Elle poursuivit comme dans un rêve :

— C'est curieux tout de même la manière dont les passions nous arrivent !... Quand j'avais quinze ans, les jeunes gens m'inspiraient une espèce de répulsion impossible à définir... On est bête parfois ! en lisant une pièce de Shakespeare, *Othello*, je me suis prise de pitié pour les nègres ; pendant plusieurs mois, ils m'apparurent dignes d'amour, sympathiques, irrésistibles. Je me les figurais tous des héros capables d'accomplir les actions les plus magnanimes, une race d'incompris, quoi !... Vous riez ? j'ai bien ri aussi quand j'ai ouvert les yeux ; il m'a suffi d'en examiner un qui était cuisinier pour que je fusse débarrassée de cette étrange compassion. — Allez, je suis bien à plaindre, mon parrain.

Elle prononça ces derniers mots d'une voix endolorie.

Autour d'eux la chaleur terrestre s'évaporait sous les vagabondages de la brise à présent moins odorante mais plus fraîche ; les cigales cliquetaient à qui mieux mieux. A chaque instant, on entendait le rappel des perdrix. Le couchant se transformait à vue d'œil ; l'azur céleste fuyait cédant sa place dans l'atmosphère à des couches d'un vert glauque violemment rayées de cinabre et de cadmium ; au milieu du poudroiement impalpable qui précède l'approche des belles nuits d'été, d'immenses lambeaux de nuées étincelantes se traînaient paisiblement. Une pie lançait des cris de joie stridents ; et le soleil splendide descendait, prêt à dénouer sa ceinture de pourpre derrière une ligne obscure de pommiers.

Après une assez longue pause, Barbelot jugea que Michelle était suffisamment calme pour l'écouter ; il essaya donc de la réconforter, de lui signaler la conduite qu'elle aurait à suivre. Le commissaire de police ne manquait pas de bon sens. Il la félicita de l'avoir choisi pour confident ; la suppliant de n'avoir point de crainte au sujet du secret qu'elle lui avait confié. Il ne voulut pas l'ennuyer, grâce à d'interminables dissertations. Elle souffrait, il tâcha de la distraire, de la griser à l'aide d'un flux de paroles sonores, au-dessus duquel le mot devoir bondissait à chaque instant, semblable à une raquette habilement maniée. Néanmoins, il travaillait à ne lui laisser aucune illusion ; puis, peu à peu, il se grisa lui-même. Alors, naturellement, il exalta l'amour de la jeune fille plutôt qu'il ne le combattit ; il sut la féliciter du sacrifice qu'elle ferait à sa sœur plus jeune qu'elle et moins expérimentée. Il remua les sentiments de famille qui dormaient sous sa chair. Son éloquence mordante pénétra jusqu'au fond de la conscience où on les avait oubliés, et ils furent fouettés à grands coups de raisonnements sains. L'heure était solennelle. Le soleil, comme blessé à mort par un bras invisible, tombait, ensanglantant de plus en plus l'horizon.

Dans le silence des champs apaisés, la voix du vieil homme tonnait, et Michelle en subissait l'influence malgré sa volonté en émoi. Barbelet lui raconta qu'il avait vu mourir sa femme, une femme de dix-huit ans qu'il adorait, dans ses bras, au bout de trois mois de mariage. Il compara ses vieilles souffrances aux récentes douleurs de la jeune fille ; il l'instruisit, comme si elle lui appartenait, comme s'il avait le droit d'en tailler une martyre, un être d'assez haute imagination, de naïveté assez énorme pour se laisser accrocher au charnier social, sans murmures, un beau matin, par une main quelconque. Et la malheureuse, folle de respect pour cet homme nouveau qu'elle ne connaissait point, timide devant ce caractère droit dont elle ne soupçonnait pas la fermeté, voyait se dérouler tout un monde exotique plein de sensations d'orgueil pour soi-même, de sentiments extrêmes et loyaux à l'égard des autres.

Soudain, Barbelet s'interrompit ; à soixante mètres d'eux, sur le chemin, un long gaillard agrémenté d'une jambe de bois, gesticulait, beuglant à se déchirer la poitrine :

— Hé ! là-bas ! hé ! là-bas !

Michelle se dressa, horriblement triste ; le commissaire de police était en ébullition, n'importe ! ils s'obligèrent à sourire.

Les beuglements de l'estropié recommencèrent :

— Regardez ! sapristi, regardez donc !

En même temps, il faisait mine d'ajuster quelque chose, au bout de la garenne. Un magnifique lièvre était assis là sur son derrière, et sans la moindre inquiétude, l'animal se livrait à une toilette minutieuse, se débarbouillant, lissant son poil avec des mouvements brusques, passant et repassant ses pattes de devant au-dessus de ses longues oreilles rousses qu'il secouait ensuite. L'homme à la jambe de bois lui lança une motte de terre, criant tandis que la bête se sauvait :

— Nous verrons, nous verrons si tu seras aussi fier à la fin de septembre. Cours, mon bon, cours.

— Monsieur Aristide Poupelart, dit Barbelet, je vous salue.

Michelle lui demanda :

— Comment vous portez-vous ce soir ?

Il se cambra, clamant :

— Aristide Poupelart ? beau nom de littérateur, hein ? superbe nom ! mais pas si beau que Népomucène Lemercier ; avec un nom comme celui de ce brigand-là, on n'a pas besoin de talent ; je préfère le mien. Cependant Aristide m'embête ; j'en eusse désiré un plus moderne, Ernest par exemple ! ou Gustave, oui, Gustave Poupelart.

— Tiens! dit Michelle, vous avez fait peindre votre jambe de bois en bleu, blanc, rouge, pourquoi?

— Drôle d'idée! songea Barbelet qui éclata de rire.

Aristide pirouetta sur l'ustensile en question, puis, avec un geste de suprême gentilhommerie, il proclama :

— C'est pour épater les populations.

Et il se plut à examiner toutes choses, marquant une indifférence feinte pour la dernière phase de l'admirable coucher de soleil qui lui crevait les yeux; mais malgré lui, à chaque instant, son regard s'y portait, parce que rien, ni la plaine qui brunissait, ni les menus bois répandus à travers le pays et déjà pareils à de la fumée, ni les floraisons fragiles, ni les moissons trop basses, ni la rumeur crépusculaire, ni la chansonnette des oisillons assoupis, ne valait ce ciel tumultueux où toutes les couleurs plaisantes à la vue se fondaient et se coupaient majestueusement.

Michelle balbutia :

— Comme c'est beau!

— Pouh! fit Aristide, ça n'a qu'un défaut : celui de se reproduire un peu souvent. Les romanciers en ont abusé, les poètes encore plus; oh! les poètes! je ne leur en veux pas, mais ils peuvent se vanter d'avoir salopé sur pas mal de jolies choses.

— Cependant, dit Barbelet...

— Parbleu ! je sais, il y en a de très-forts et de très-originaux, mais ils ne sont pas nombreux, surtout dans la jeune école.

Michelle toujours en extase répétait :

— C'est beau ! c'est beau !

Alors Aristide cria :

— Eh bien, oui, là, c'est beau ! et je ne suis qu'une cruche.

En même temps, afin de détourner la conversation, l'air intéressé, il ramassa devant lui un insecte noir et trapu disant :

— Un diable ! dans mon pays on appelle ces bestioles des diables. Quand on crache dessus, ça saigne.

Et il joignit l'action au précepte.

— Voyons ! demanda Michelle.

En effet, au milieu de la salive, une goutte de sang se répandait.

— Sacré nom d'un chien ! fit tout à coup Aristide, j'allais oublier de vous faire ma commission : on vous attend depuis une heure pour dîner. Ce que c'est que d'avoir des distractions ! J'étais parti ; j'avais trois ou quatre courses indispensables !... En route ! mieux vaut tard que jamais, hein ?

Barbelet murmura à l'oreille de Michelle :

— Quel type que ce Poupelart !

Celle-ci acquiesça de la tête.

On se dirigea vers les Moulineaux. De nouveau, Aristide s'empara de la conversation :

— Quand j'ai quitté la baraque de Jeoffrin, on n'attendait plus que monsieur Blaisot ; mais l'abbé Roche était présent, lui ; il rapetisse tous les jours, le manque de voluptés doit lui produire cet effet-là. Imaginez-vous qu'on lui a confié une éducation à terminer, celle d'un petit monsieur qui jouira d'une centaine de mille francs de rente. — A propos, mon ami Segurola est tombé chez moi, ce matin, vous savez bien,...Segurola le musicien, celui qui raconte toujours des histoires tristes à pouffer de rire. Alors j'ai couru chez votre père et je lui ai dit : impossible de dîner avec vous ce soir, Segurola est venu. Il m'a répondu : Amenez-le. — Vous verrez ma femme, elle a une de ces toilettes !... j'en suis raide....

N'ayant plus rien à se communiquer, les trois retardataires marchaient, pensifs. Ils parcoururent ainsi un quart de lieue. La jambe de bois résonnait sur le sol sec, soulevant à chaque pas un petit tourbillon de poussière.

Aristide rêvassait, la physionomie très-curieuse. La splendeur de la nuit triomphante chassant le jour l'avait empoigné. Il avançait donc, ses yeux bleus largement épanouis, son maître nez humant la fraîcheur, la bouche entr'ouverte. Une formidable paire de moustaches rousses lui coupait la face en deux. Il était coiffé d'un chapeau marron en feutre mou. Sa mâchoire inférieure très-accusée, très-solide, lui donnait un grand air de décision. Un large vêtement de coutil gris qui flottait autour de son corps maigre et déhanché l'assimilait à une immense marionnette.

Brusquement le terrain s'inclina devant eux. Entre deux haies de ronces chargées d'étoiles blanches et de mûres, le chemin qu'ils suivirent dégringolait en pente rapide, houleux, couturé, défoncé par de profondes ornières résultat des pluies passées, semblable à un torrent pétrifié. Une demi-douzaine de châtaigniers adultes, dans le feuillage desquels on entendait les piailleries et les batailles acharnées d'une tribu de moineaux, s'agitait à quelques pas d'eux, avec des bruits de vagues escaladant des galets. Ils les dépassèrent et ne tardèrent pas à déboucher sur un plateau aride. Au bord de ce plateau, sous un acacia chétif, se dressait une croix sur les branches de laquelle pourrissait un Christ.

Mais bientôt, au moment où Michelle et Barbelet toujours préoccupés, se dirigeaient vers un nouveau sentier, Aristide les arrêta, et une larme à l'œil, en proie sans doute à un attendrissement d'artiste, d'un geste brutal il leur indiqua Paris qui se déroulait à perte de vue, Paris monstrueux, gigantesque, Paris dont la masse faisait une large trouée sombre dans l'horizon encore lumineux. Puis, comme ils semblaient ne pas comprendre, il leur dit :

— Vous venez de voir la campagne, fleurez-moi ça maintenant.

A leurs pieds, une nappe d'herbe toute blanche de pâquerettes descendait, et une fillette aux yeux vifs, au nez baveux, à la jupe rouge en loques, les examinait sans vergogne, entraînée par une grande chèvre barbue plus vigoureuse qu'elle. La verdure semblait couler en s'élargissant jusqu'à l'avenue des Moulineaux où un char à bancs de boucher que sa lanterne piquait déjà d'un point rouge, s'avançait à fond de train, au centre d'un nuage de poussière. On entendait claquer un fouet presque continuellement, et une voix d'ivrogne rauque et méchante qui criait : Hue! nom de Dieu, hue donc! carcan. Ensuite, plus loin et plus bas que l'avenue, des champs souffraient, de petits champs urbains, maladifs et pauvres, séparés les uns des autres par de longs jardins maraîchers, bien fumés, plantureux, dans lesquels des cloches alignées brillaient, faiblement allumées par les dernières lueurs du jour. De tous côtés, on apercevait des fabriques, et leurs toits en tuiles violemment rouges ou jaunes plaquaient des taches dures sur les fonds arborescents, en même temps que leurs hautes cheminées en brique, les unes rondes, les autres carrées brandissaient chacune un fort panache de fumée noire que la brise effiloquait et agitait sans jamais le détruire. Entre les fabriques, des clos pleins d'arbres fruitiers se pavanaient. Aristide désespéré se mit à crier :

— Non, voyez-vous, il n'y a pas de bon sens, c'est trop difficile à rendre. Celui qui me décrira ça comme je le sens, eh bien, je lui laverai les pieds avec ma langue.

Ce n'était pas tout ; à gauche, sous des transparences vagues, on distinguait Saint-Cloud enfoui au milieu des bois comme un nid, Montretout endormi sur un lit d'ombre, Villeneuve-l'Etang qui semblait rire, Ville-d'Avray, Chaville en toilette de nuit, puis plus à gauche, Sèvres. De temps en temps, des bouffées d'air nauséabond s'éparpillaient venant d'une tannerie tranquillement assise au bord de la Seine. A droite, le spectacle était plus animé. Plusieurs bastringues établis au Point-du-Jour se livraient à une musique tapageuse. Les cuivres lançaient des éclats bruyants, des cymbales éternuaient dans les lointains, et le bruit d'une grosse caisse, par instants, dominait le vacarme comme un grondement sourd de canon. Soudain, sur le viaduc dont la longueur pâle était zébrée de noir par mille arcades, un train passa, soufflant par le tuyau de sa machine d'immenses traînées blanches que le ciel absorbait. Il s'engouffra dans Paris.

Maintenant, les regards se promenaient aux portes de la ville morne, sur Passy, sur Auteuil. Au fond du tableau, les buttes Montmartre se dessinaient presque roses sous un rayon attardé. Devant elles, le dôme des Invalides paraissait un morceau d'astre mourant, et la frise de l'arc de triomphe perceptible au-dessus de la houle bleuâtre des toits ressemblait à une luxueuse nacelle prête à sombrer.

Juste en face du plateau où Aristide piétinait, où Michelle et Barbelet se tenaient immobiles, la Seine apparaissait, luisante comme un lac glacé, et derrière la Seine, Paris, avec ses entassements de maisons et de monuments noyés dans une obscurité naissante, parsemée d'étoiles que des mains allumaient; enfin, lourd sur le colosse dont l'agitation faiblissait, un ciel sans nuages, d'une blancheur obscurcie et compacte.

Un homme se mit à chanter une ronde dans laquelle un même refrain sautillant se répétait; une voix lamentable celle de l'enfant à la chèvre demanda : un petit sou! La lune exhiba son profil blanc de trépassée; et bientôt, dans la nuit véritable dont l'envahissement s'achevait, on n'entendit plus que le carillon des cloches d'Issy versant des notes claires toujours éteintes par des notes plus claires.

Alors la tristesse s'empara des trois êtres accablés par le spectacle dont ils s'étaient repus.

Michelle réfléchissait au bonheur qui lui avait échappé, à la joie qu'elle aurait ressentie si la vision de telles merveilles lui avait été permise, au bras d'Octave Blaisot, à une pareille heure.

Barbelet sentait sur ses épaules la pesanteur de la vieillesse et de la solitude.

Quant à Poupelart, la face navrée, jaloux de ce qu'il avait vu, il suivait du regard, sur l'avenue, un troupeau de collégiens qui défilaient trois par trois, sous la surveillance de deux jésuites efflanqués et lestes comme des chiens de berger.

Finalement, on regagna les Moulineaux. Jeoffrin furieux attendait sur le seuil de sa porte.

II

La cuisinière ouvrit la porte du salon tendu de reps havane où la compagnie se morfondait. Tout le monde se leva comme un seul homme. Les estomacs se plaignant, chacun poussa un : ah! sonore. C'est à peine si on entendit prononcer l'inévitable : Monsieur est servi. Jeoffrin offrit son bras à madame Poupelart, une brune assez jolie; Octave Blaisot tendit le sien à Michelle; Segurola bouche en cœur s'empara de celui de Pauline.

L'abbé Roche, propre comme un sou, le menton rasé de frais, le corps sanglé dans sa petite soutane, s'approcha de son élève, un jeune homme vêtu à la dernière mode, qui paraissait avoir une quinzaine d'années, et lui dit : — Monsieur de Lassalle, nous serons voisins de table, j'ai prié qu'on vous plaçât près de moi. Le jeune homme répliqua flegmatiquement :

— J'eusse préféré le voisinage de la personne qui est là-bas.

Il voulait parler de Michelle ; l'abbé eut un haut-le-corps.

Aristide et Barbelet fermaient le cortége.

Dans le jardin un gazouillis doux mêlé à des rires d'enfant s'échappait. Aristide se précipita ; un instant après, on l'entendit qui criait d'une voix amusante :

— A table ! les enfants ! à table !

Et bientôt, il entra dans la salle à manger précédé par deux galopins mal ficelés, un peu plus gros que des rats, gais comme des oiseaux, plus malpropres que des peignes. Il les appelait : sa progéniture. La fille, sa frimousse barbouillée en l'air, aussi remuante qu'une anguille chantonnait :

— Papa, papa, j'ai fait le loup au fond du jardin, et Joseph a eu peur.

Mais l'intéressant Joseph, très-vexé, mentait avec effronterie, glapissant :

— C'est pas vrai ! c'est pas vrai ! moi, au moins, je n'ai jamais d'indigestions quand je dîne en ville.

— Madame Poupelart fit : chut !

Jeoffrin allait placer son monde : il commença :

— Madame Poupelart, veuillez vous asseoir à ma droite ; Pauline à ma gauche ; monsieur Blaisot à côté de Pauline ; Michelle en face de moi, entre l'abbé Roche et Barbelet ; monsieur Segurola près de madame Poupelart. Quant à vous, jeune homme, ajouta-t-il, s'adressant à Guy de Lassalle, contre l'abbé. Puisse mademoiselle Georgette Poupelart, votre voisine ne pas trop vous ennuyer ! Aristide mettez-vous entre vos enfants.

On s'assit. Guy était de mauvaise humeur, parce que Jeoffrin l'avait traité sans façon de jeune homme, et aussi, parce qu'il considérait comme indigne de lui la morveuse qui le coudoyait. Mille frou-frous cérémonieux babillaient dans la robe bleue et soyeuse de madame Poupelart.

Sous la lumière crue de la lampe dont un abat-jour en porcelaine projetait la clarté ronde, la table couverte d'assiettes brillantes, avec sa nappe blanche et son surtout bordé de roses, étincelait. Quatre compotiers symétriquement rangés portaient, l'un des cerises, l'autre des fraises, le troisième des macarons, le quatrième une pyramyde de raisins secs, de figues, de noisettes et d'amandes. Les bouteilles de vin seules n'avaient pas l'air satisfait, malgré l'arête brillante qui les parcourait.

A présent, selon la mode bourgeoise, Michelle distribuait le potage, une purée aux croûtons que la cuisinière, une grande fille plate comme une planche, venait de servir.

L'abbé Roche décrivit un signe de croix, ferma

les yeux, et dans la tranquillité de son âme et conscience, après avoir soupiré avec bruit, marmotta son « *Benedicite.* » D'un mouvement de tête, Aristide et Segurola se montrèrent le petit prêtre en exercice, puis ils ricanèrent.

Personne ne parlait. Les enfants mangeaient, très-voraces, gloussant chaque fois qu'une cuillerée de potage leur emplissait la bouche. Le cliquetis des assiettes était gai.

Derrière Jeoffrin, contre le mur sombre, une horloge en cuivre, une merveille d'horlogerie, disait-on, dont la forme rappelait celle d'une bassinoire ornée de son manche, s'agitait. En temps ordinaire, son tic-tac profond devait être gênant.

A travers l'obscurité qui emplissait la salle à manger, en dehors du coup de lumière tombé d'aplomb sur la table, on distinguait à peine une crédence, un buffet très-haut en acajou et deux fenêtres ouvertes sur un jardin, devant le bruissement intime d'un massif de lauriers épineux.

On déposa en face de Jeoffrin un magnifique brochet douillettement étendu sur un lit de persil frisé. Il avait la gueule ouverte, et montrait sa mâchoire de poisson vorace. La société s'extasia. Alors, la cuisinière maugréa :

— Je vous conseille de vous en régaler. Tout le reste est bon à jeter aux ordures. Voilà ce que c'est que de ne pas être exacts!

Michelle répondit :

— Ma pauvre Constance, on sait que vous n'êtes point coupable.

Aristide fut envahi par une admiration silencieuse. Il aimait particulièrement le poisson de rivière, et encore plus particulièrement le brochet.

Autour de lui, la conversation s'engagea ; chacun se racontait l'emploi de sa journée. Cependant Jeoffrin rêvassait, pensant aux paperasses et aux dessins qu'il avait là-haut, dans son cabinet. Son crâne, poli, très-large, sans cheveux sur le sommet, luisait au dessus de ses yeux pareils à deux trous, tant ils s'enfonçaient noirs au centre d'un réseau de rides. Son nez droit se rattachait au front par une ligne dure. Chose remarquable ! Le bas du visage de cet homme était mince, découvrant une bouche exquise sous une moustache peu fournie, au milieu d'une barbe d'un blanc sale coupée au ras de la peau. Ses mains, on ne peut plus soignées, ressemblaient à de jolies mains de femme.

Octave Blaisot, lui, s'occupait de sa fiancée. Il avait appuyé un de ses genoux contre Pauline sous la table, et il la pressait, tandis que Michelle qui ne les perdait pas de vue ou qui les devinait, se sentait prise d'envie de pleurer, et ne se contenait qu'à force d'énergie, la gorge crispée, voulant écouter Barbelet. Le commissaire de police racontait que, la veille, un agent lui avait amené une fille de dix-sept ans, d'une beauté rare, dont le plus vif plaisir était de martyriser sa sœur, une enfant de six mois, à coups d'épingles, pour se débarrasser d'elle.

Le brochet disparaissait rapidement. De temps en temps la jambe de bois d'Aristide se chamaillait avec un des pieds de la table. L'abbé Roche s'entretenait avec Guy de Lassalle :

— Monsieur Guy, votre noble père m'a prévenu que vous sortiriez une fois par mois. J'espère que par votre travail, par votre conduite journalière, vous vous préparerez à mériter dignement cette faveur de votre pieux père.

Guy répondit :

— Mon père n'est pas pieux.

Aristide, la bouche pleine, jouait avec ses enfants ; il inventait des histoires à leur portée :

— Il y avait jadis une princesse haute comme une tige de tulipe. Ses cheveux étaient en or pur, et sa robe en argent massif. Son plus grand bonheur consistait à se baigner sur le bord des rivières et à se promener sur l'eau dans une écorce de platane recourbée. Rien n'était superbe comme de la voir diriger son léger radeau, surtout quand il faisait du soleil ! Couronnée de myosotis, qui sont de petites fleurs bleues, une paille à la main pour lui servir de fouet, elle conduisait un attelage ailé composé de huit demoiselles rouges ; et les

passants s'arrêtaient pour la regarder, quand elle
naviguait ainsi escortée par cent grenouilles vertes,
au milieu des mauves et des nénuphars.

Alors les moutards demeuraient béants, inté-
ressés par la naïveté même du conte, disant :

— Encore ! encore !

Soudain la conversation devint générale ; on
imposa silence aux enfants. La fraîcheur de la
nuit sereine entrait par les fenêtres, tandis que
l'éclat des voix s'élançait, troublant le sommeil
des fleurs et des plantes. Le ciel était plein d'étoiles.

Michelle, à la dérobée, lançait de longs regards
chargés d'étincelles à Octave Blaisot. On eût dit
que ses pensées avaient une intention d'accapare-
ment. Le pharmacien s'entretenait à voix basse
avec Pauline ; il était de taille moyenne, un peu
gras, de physionomie commune bien que garçon
assez désirable pour une femme. Pauline blonde,
ébouriffée, souriait gentille comme une églantine,
le corsage ouvert en carré sur sa gorge, découvrant un morceau de sa chair illuminée. Segurola suait sang et eau afin de trouver quelque
histoire épouvantable, digne d'impressionner
un public ; et Barbelet, de loin, amusait Mme
Poupelart en lui esquissant une pièce qu'il avait
vue au Palais-Royal, huit jours auparavant,
lorsque l'horloge en forme de bassinoire sonna lentement neuf heures, lâchant son timbre caverneux,

Elle parlait si haut que chacun se tut, à l'exception de l'abbé Roche qui, tout en dépiotant un aileron de canard aux navets, disait à Aristide :

— Je ne connais pas de plus beau nom que Joseph. Vous avez bien agi en appelant votre fils Joseph.

Aristide ne put s'empêcher de répondre :

— Oui, à cause de la femme de Putiphar.

Ce qui interloqua le curé minuscule, et fit rire la société. Il ne leur en fallait pas plus que cela.

Jeoffrin, l'esprit dans les nuages, en profita pour affirmer qu'aucun nom ne lui paraissait comparable à celui de Justin. Mme Poupelart prôna Coralie, et longtemps elle répéta d'une voix flûtée, s'accompagnant d'un hochement de tête :

— Coralie, oui, Coralie, dans ma famille, depuis des siècles nous nous appelons toutes Coralie.

Pauline Jeoffrin, l'air penché, prétendit qu'Octave était un nom distingué, un vrai nom d'amoureux.

Et Michelle tremblante reprit :

— Tu as raison, Pauline, le plus beau nom de la terre est Octave.

Alors Barbelet la fixa, et pour ne pas perdre contenance, elle demanda aussitôt à l'abbé Roche quel était le saint du calendrier qu'il fêtait le plus volontiers. Celui-ci, entre deux gorgées de vin bourguignon, le regard perdu dans son verre qu'il tenait de la main gauche, répondit :

— Pierre, Jean, Chrysostôme, Augustin, Grégoire, Pie.

Parmi les noms de femmes, il choisit celui de Marie, parce que provenant de la mère du Christ, il était par cela même une parure virginale.

Heureusement, Aristide n'entendit pas cette phrase.

Durant plus de vingt minutes, la série des noms vola au-dessus des plats ; on se les renvoyait comme des balles ; on se menaçait d'une amende, quand par hasard on s'en répétait un ; Aristide et Segurola finirent par ajouter des noms de famille impossibles aux noms de baptême drôles qu'ils avaient choisis.

De nouveau, le silence se rétablit. Jeoffrin venait de s'élancer vers une des fenêtres. Il avait entrevu quelque chose, un point obscur dans le ciel. On le vit pencher la moitié de son corps sur la balustrade, puis se retourner, l'œil étincelant, le visage pâle et bouleversé, murmurant :

— Un ballon ! un ballon !...

Tous accoururent. En effet, suivant le courant atmosphérique qui l'entraînait, vision étrange au milieu de la splendeur nocturne, un aérostat voyageait, pareil à un astre éteint.

Il passa, lentement ; durant plusieurs secondes il parut encore plus sombre sur la voie lactée, puis il s'enfonça dans l'opacité de la nuit, et les regards le perdirent sans un regret, comme s'il ne représentait pas autre chose que la silhouette bizarre d'un grand oiseau noctambule. Seul Jeoffrin, les dents serrées, la face méconnaissable, le poursuivit longtemps, par l'idée, à travers l'amoncellement d'obscurité qui le lui dérobait. Et quand il revint s'asseoir, s'apercevant que chacun parlait pour ne rien dire, qu'on ne s'occupait déjà plus du fait auquel, lui, attachait tant d'importance, il sentit qu'un royal mépris balayait dans sa tête le groupe d'imbéciles qui était là, en train de manger son pain, de dévorer les viandes qu'il avait payées, et de boire le vin qu'il devait encore. Une envie furibonde s'empara de lui, l'envie de les chasser tous, même ses filles qu'il enveloppa dans la proscription générale. Dès lors, il ne mangea plus, ses nerfs battirent, lui emplissant la cervelle de roulements de tambour ; ses belles mains tremblèrent comme si une attaque sénile les avait débilitées. Pour un rien, il aurait craché à la face de ses invités, les seuls êtres sur la terre pour qui son égoïsme avait gardé un peu d'affection. Et tandis qu'ils découpaient, chacun une tranche de rosbif, le couteau et la fourchette croisés au dessus de leur assiette, opérant tous à peu près le même geste automatique, il fut sur le point de leur crier :

— Je vous défends d'avaler le morceau que vous tenez là, il m'appartient, vous êtes trop bêtes.

A la suite de cet accès de rage interne, sa manière d'envisager les choses eut un revirement subit, et le mépris qu'il ressentait dégénéra en une indifférence mélangée de pitié pour ces pauvres diables désintéressés par leur nature même des sérieuses questions scientifiques, pour ces gens qui le considéraient comme un maniaque, comme une espèce de monomane, de don Quichotte perfectionné s'escrimant contre des moulins imaginaires, et il sourit agréablement, à la barbe de l'avenir, réfléchissant que bientôt il se dresserait avec l'auréole qui lui convenait, sous la pluie d'or qu'il lui faudrait, le jour où la France acclamerait sa découverte. Vautré devant cette perspective, son esprit s'édulcora ; alors Jeoffrin se crut déjà grand homme, son orgueil le couronna de lauriers.

A force d'écouter le vacarme des applaudissements sur lesquels il comptait, il devint plat, en proie à une roublardise niaise, qui le fit songer à se ménager des admirateurs en vue de son prochain triomphe. Ah ! on aurait de ses nouvelles ! La modestie ? une infériorité ; chacun pour soi.

Aristide lui-même, ce Roger-bon-temps, ce poète parisien qui vivait en pleines jouissances palpables, cet artiste qui se fichait de Dieu, du diable, et de la forme des gouvernements, trouvant le monde tel qu'il est suffisamment instructif, serait bien obligé de lever sa caboche terre-à-terre et de hurler avec les autres : bravo ! quand lui, Jeoffrin, l'ex-horloger, l'ancien inconsidéré, naviguerait en plein ciel dans son aérostat gouverné par lui au moins aussi sûrement qu'un vaisseau par le bras d'un pilote, quand il aurait damé le pion à l'état-major, aux ingénieurs et aux célébrités de la science.

Et tout guilleret, la mine joyeuse, il interrompit le cours de ses réflexions pour écouter Segurola qui se livrait à son genre de conversation habituel. Secouant sa crinière filasse, tortillant sa longue barbe blonde, le musicien triomphait.

— Vous avez sans doute vu la morgue, disait-il ; eh bien, comparée à l'école pratique, rue de l'École de médecine, la morgue n'est qu'un jouet d'enfant. Je le prouve : d'abord, à la morgue, un vitrage sépare la foule du lieu d'exposition, différence essentielle ! ensuite, si les noyés ont le ventre pourri, si les assassinés sont couverts de plaies et de marques sinistres, ils jouissent d'un robinet qui murmure assez gaîment ma foi, qui les maintient dans un état de fraîcheur tout à fait respectable, et qui, je me permettrai de l'insinuer, est presque une distraction. A l'école pratique, la scène change; ici, plus d'habits suspendus aux murailles, plus de robinets. J'y entrai pour la première fois, un matin, l'hiver dernier... Vous savez, rien n'est plus facile que de violer ces domiciles-là ; il suffit d'avoir l'âge d'un étudiant en médecine, ou de se donner la tournure d'un médecin, les plus sots y parviennent... Imaginez-vous une grande salle aux murs pas propres, et une vingtaine de tables en marbre également espacées les unes des autres ; couchez-moi sur chacune de ces tables un cadavre tout nu ; plantez-moi au milieu de la salle un poêle chauffé à blanc ; espacez-moi des carabins qui causent de leurs petites affaires, de Joséphine l'espagnole, par exemple,... de Nie-nie la sourde ; fabriquez d'autres carabins qui fument leur pipe à cause de l'odeur et qui travaillent un bistouri à la main, le nez dans un livre ou le nez au dessus d'un corps, et vous n'aurez qu'une faible idée du tableau. Ces gredins-là, pour disséquer, s'enveloppent dans des blouses grises qu'on ne toucherait pas avec des pincettes tant elles sont infectes, huileuses et sanglantes. Il y en a dont la gloire consiste à salir exprès leur blouse. Et les positions des morts sur les couchettes en marbre ! il faut les avoir vues pour en rêver. Moi qui vous parle, le jour où on m'a montré la chose, je n'avais guère envie de rire... Les hôpitaux avaient fait leur devoir ; chacune des tables portait son cadavre, les uns gisaient le ventre ouvert, perdant leurs boyaux...

— Pouah ! interrompit l'abbé Roche.

Les femmes dressaient l'oreille, attentives. Segurola continua :

— Oui, laissant couler tripes et boyaux ; d'autres semblaient se tortiller en proie à des douleurs atroces, une jambe en l'air, un bras tailladé, la tête sans cuir, à plat ventre, l'estomac béant, crevé entre des languettes de peau enduites d'une graisse jaune. D'autres encore, les reins haussés par des cales en bois, paraissaient être tombés là de très-haut, et s'être brisé la colonne vertébrale. Je vous prie de croire qu'on n'a pas chaud au cœur devant la grimace de tous ces diables-là, une grimace qui ne finit pas, accompagnée de postures macabres et solides comme de la pierre. Un étudiant de première année, un petit bonhomme imberbe avait tiré son couteau de sa poche et nettoyait un tibia. On aurait juré qu'il jouait drôlement de la guitare pour mettre en branle cette cargaison de trépassés.

Aristide maugréa :

— Est-il romantique ce serin de Segurola !

Le musicien reprit :

— A côté de la grande salle de travail, dans une espèce de chambre, on m'a indiqué le corps d'une belle fille, un corps superbe, la peau blanche ; elle avait l'air de dormir, ses jambes pendaient hors du marbre, sa chevelure s'étalait en désordre sous sa tête, comme un oreiller ; seulement, on lui avait déjà enlevé ses dents pour les vendre, et elle avait une déchirure à la hauteur des reins.

Madame Poupelart dégoûtée balbutia :

— Quelle horreur !

Segurola irradiait.

— A droite, en entrant, accentua-t-il, je remarquai une vieille femme raide comme un manche à balai, dont les narines étaient encore bourrées de tabac à priser. Je l'ai touchée.

Il fit le geste avec son index très-long, un doigt de musicien, tandis que Pauline l'examinait avec effroi.

— Enfin ! dit-il, en manière de péroraison, j'ai assisté à des spectacles plus gais ; surtout quand je me souviens du baquet aux ordures, une demi tonne jadis pleine de vin, aujourd'hui pleine de sang, au milieu duquel nagent des yeux qui vous regardent,... des mains, quelles mains ! et le reste, sans oublier les cabrioles que la lumière s'amuse à opérer sur tout cela.

Et comme la société ne soufflait mot, mangeant du bout des lèvres, prenant la crême à la vanille

4.

qui tremblotait sur les assiettes pour un mets confectionné avec la graisse humaine dont Segurola venait de parler, Aristide, riant aux larmes, décocha une tape sur l'épaule du musicien enchanté, le traita de mauvais farceur, de vieux pitre, criant :

— Je ne te sortirai plus, non ! je ne te sortirai plus, tu me fais faire trop de bon sang.

Et à son tour, afin qu'on digérât la description de son ami Segurola, il raconta que, dans sa jeunesse, il avait une peur effroyable des têtes mécaniques dont les dentistes entourent leurs tableaux de réclame, et il imita le roulement des yeux en verre et le bâillement des mâchoires articulées où reluisent les fils de cuivre entre le carmin des lèvres en cire.

L'abbé Roche s'était endormi ; depuis quelques années, à la fin des repas, il dormait ainsi, les oreilles très-rouges, remerciant le ciel de lui avoir envoyé cette épreuve ; en réalité, son estomac l'exigeait, et il ronflait tout doucement, avec décence, comme un homme d'Eglise doit ronfler, comme s'il avait eu dans le nez une petite machine impayable.

Guy ne quittait pas Michelle des yeux ; il la trouvait à son goût.

Peu à peu l'impression faite par le récit du musicien s'était effacée ; on avait attaqué le dessert.

Octave Blaisot et Pauline jouaient à se voler des cerises, à seule fin de se toucher les mains et de frissonner d'aise. Les enfants s'étaient arrangé des boucles d'oreilles, et leurs frimousses barbouillées remuaient entre les pendeloques rouges.

Quand on eut fait table nette, Jeoffrin proposa de prendre le café au salon. Il obtint un vote d'enthousiasme. Barbelet réveilla l'abbé Roche, et celui-ci, dans un demi-sommeil, vacillant, fut stupéfait de voir son jeune pensionnaire offrir le bras à Michelle. On sortit. La robe de Mme Poupelart se trainait, bruyante. Maintenant la jolie brune riait à tout propos, et son rire, un petit rire ascendant agaçait Jeoffrin.

En traversant le vestibule, Aristide sur un ton de voix sentimental dit :

— Nous aurons du beau temps demain, ma jambe me laisse tranquille.

Et lorsqu'on fut assis dans le salon, le ventre plein, chacun libre de fumer, on ne tarda pas à proclamer que l'existence était une bonne chose. Sur la cheminée deux candelabres chargés de bougies brûlaient. Michelle et Pauline servirent le café, et tantôt l'une, tantôt l'autre, on les entendit qui demandaient :

— Combien de morceaux de sucre, madame ?... Du cognac, ou de la chartreuse ?

Segurola lançait partout des regards affectueux; il mourait d'envie qu'on le priât de se mettre au piano. Aristide, échoué sur un fauteuil, avait croisé les jambes, et il suivait dans l'air les longues bouffées blanches qu'il tirait de son cigare.

Jeoffrin et Barbelet causaient politique; le commissaire de police convaincu répétait :

— Le maréchal est l'homme de la situation.

Et Jeoffrin répondait :

— Oui, oui, c'est un brave soldat.

Ils en revenaient toujours là; sans doute qu'ils ne trouvaient rien de plus pour se combattre. Aussitôt sa tasse de café absorbée, l'abbé Roche était retombé dans son sommeil du juste, le menton sur son rabat, les jambes écartées, tout noir sur un des crapauds havane.

Madame Poupelart se leva pour mener coucher ses enfants; Segurola se précipita vers elle, et la supplia d'intercéder auprès d'Aristide, pour que celui-ci voulût bien dire quelques vers. Il espérait que, de cette manière, on en viendrait à faire de la musique. On prit le poète d'assaut :

— Oui, monsieur Poupelart, des vers, nous n'osions pas vous en demander.

Alors, pour se venger, Aristide prétendit que ses vers ne pouvaient être entendus par des demoiselles, mais sa femme arrangea tout, disant :

— Elles viendront coucher les enfants avec moi.

Les hommes applaudirent :

— Bravo ! C'est cela !

Barbelet posait pour ne pas dédaigner la littérature, il avait une bibliothèque. On se frotta les mains. Et les femmes s'en allèrent, après avoir obtenu de Segurola qu'il se mettrait au piano, quand elles reviendraient.

— Entendu !

Jeoffrin désigna l'abbé Roche qui continuait à ronfler.

— Bast ! lui fut-il répondu, tant pis ! d'ailleurs, il dort.

Aristide expliqua le but de son œuvre : une blague.

— Sauf votre respect, ajouta-t-il en riant, j'ai appelé ça : *Entre cocus*. La pièce de vers est assez longue.

Chacun hurla :

— Tant mieux !

A présent, ils étaient tous pris d'une envie formidable de gauloiseries. Jeoffrin lui-même trouva que le titre promettait. L'abbé ne cessait pas de ronfler. Segurola déjà campé sur le tabouret du piano se frottait le haut des cuisses avec un balancement simiesque. Au moment où Aristide ouvrait la bouche, il l'interrompit, affirmant que l'abbé feignait de dormir pour ne pas être obligé de quitter la partie. Guy s'était dissimulé derrière le canapé.

Aristide répéta :

— *Entre cocus :*

Puis, voyant qu'on attendait, il commença :

LE CHŒUR

Salut à vous, beaux étrangers,
Dont l'œil suit dans les cieux légers
Le vol des moineaux en goguettes.
Non loin de vous, dans les guinguettes
Où fleurissent les yeux vairons
Et le nez roux des biberons,
A l'ombre verte des tonnelles
Où l'on beugle les ritournelles
Des chansons que le vin conçoit,
Le bon peuple rit, cause et boit.

Salut ! Salut ! Paris s'étend
Derrière nous, comme un Titan
Qu'une dure fatigue accable,
Et la Seine paraît un câble
Étendu sur les champs captifs,
Les cimetières sont pleins d'ifs,
De sentiers gris, d'herbe mignonne ;
Quant aux talus que Juin pomponne
Et couvre d'insectes voleurs,
Ils s'allongent vêtus de fleurs.

Mais quelle étrange lassitude
Vous fait chercher la solitude ?

O toi que le chagrin abat,
Qui sembles sortir d'un combat,
Pourquoi verses-tu tant de larmes ?
Tandis que ton compagnon d'armes
Expose à nos yeux son profil
Plus gai que les matins d'Avril,
Plus pimpant, plus multicolore
Que les étendards de l'aurore.

— Ah ça ! interrompit Jeoffrin, les dames pouvaient bien rester.

Aristide répondit :

— Patience !

L'HOMME TRISTE

J'ai pris ma course folle à travers les marais ;
Et comme un bon taureau dont le sang épais coule,
Je suis venu gémir ici, loin de la foule,
Loin du triomphateur orgueilleux que je hais,
Et loin de celle à qui je rêvais sur la mousse,
Au bord des ruisseaux frais qui parlent, au bord creux
Du fleuve où je buvais autrefois, calme, heureux,
Dans les prés odorants où l'herbe me fut douce.

— Tiens ! tiens ! murmura Barbelet qui goûta passionnément cette strophe, pas mal placé du tout ça !

Aristide fut flatté ; il continua :

LE CHŒUR

Pleure, pleure ; la brune nuit,
Qu'un enfant aveugle conduit

Marche à pas discrets sur les route
Aucun plaisant n'est aux écoutes;
Pleure à ton aise. Maint vieillard
Que tu vois aujourd'hui gaillard,
Jadis a connu ta souffrance.
Foin de la rude indifférence
Des gens à face de rocher !
Tes plaintes ont su nous toucher.

Segurola dit :

— Je n'aime pas *la brune nuit qu'un enfant aveugle conduit.*

— Ah ! pardon, répliqua le commissaire de police, c'est une image.

Aristide se fâcha :

— Zut ! laissez-moi continuer au moins, vous ferez vos réflexions après.

L'HOMME JOYEUX

Messieurs, je suis cocu !... je le sais par moi-même...
Être cocu ! pour nous maris, c'est un baptême !
Et je ne blâme point, en ce siècle excellent,
La femme que l'ennui force à prendre un galant.

Guy étouffa un éclat de gaîté. L'assemblée se contenta de sourire.

LE CHŒUR

O le meilleur des philosophes,
Les poètes feront des strophes !

Que la postérité lira
Sur la femme qui t'adora,
Pour mieux te trahir par la suite;
Ils exalteront sa conduite.
Or donc, pour vivre en paix, toujours,
Nargue l'orage des amours
Qui trouble nos apothéoses.
O fils, que tu prends bien les choses !

L'HOMME TRISTE

Maudit, maudit sois-tu, mon père aux cheveux blancs !
Maudits soient le soleil et l'orbe des jours lents !
Que ne suis-je dans l'ombre et dans la terre grasse !
Que ne suis-je couché loin de vous, à l'abri
Des tourments infligés à mon passé meurtri
Par l'amour contre qui j'ai lutté sans cuirasse !

— Fichtre ! dit Barbelet, poussant une seconde note admirative.

L'HOMME JOYEUX

Quand vous nous avez joints, tout à l'heure, en ces lieux,
Vous m'aviez offusqué d'abord étant tous vieux;
Pardon ! — Écoutez-moi : j'obtins le pucelage
De l'ange qui me trompe avec rage et ferveur,
Admirable, touchante et sublime faveur !
Trois mois, trois jolis mois avant mon mariage.

LE CHŒUR

Évohé ! nous te pardonnons.
Donne-nous tes noms et prénoms

Pour qu'on les sache en nos familles
Que n'es-tu l'époux de nos filles !
Mais chut ! ne soyons pas grivois ;
Il faut tout au plus que nos voix
Se réjouissent en sourdine.
Hélas ! seul, tandis qu'on badine
Ton compagnon pleure et se tord,
Cela dure trop, il a tort.

L'HOMME JOYEUX

Non, je ne puis trouver un seul mot dramatique ;
J'ai faim, j'ai soif, messieurs, je suis de belle humeur ;
Car le hasard savant m'a fait très-flegmatique.
Puis, pour savoir se plaindre, il faut être rimeur.

L'HOMME TRISTE

Adieu ! les mots amers s'irritent sur ma bouche.
Je veux l'oubli rapide et la paix du cercueil.
Forêts, laissez crouler vos verdures en deuil
Derrière le cocu grave que la mort touche.

L'HOMME JOYEUX

Le bataillon trompeur des callines sous les cieux
Se promène. Au revoir, vous tous ! je suis infâme,
Mais je vais de ce pas coucher avec ma femme,
Étant d'avance sûr de ne pas trouver mieux.

LE CHŒUR

Les blancheurs du jour sont parties,

Déjà ne se distingue plus.
Les grands peupliers chevelus
Dorment sous l'œil pur des étoiles.
La nuit plane sur nous sans voiles
Quels sots que ces deux étrangers !
Tous les chagrins sont passagers,
Aucune gaîté n'est profonde,
Bon voyage ! — Ainsi va le monde

De nouveaux applaudissements éclatèrent autour du poète. Lui prit un air modeste :

— Ça vous plaît, alors ?

— Oui, oui, j'en ris encore. Pour une blague, c'est une blague, un peu fantaisiste, mais drôle.

Barbelet secoua les mains d'Aristide.

— Vous irez loin ; seulement, lisez Corneille, mon ami, lisez Corneille.

Jeoffrin trouva que la pièce ne manquait pas d'esprit, que les mots n'étaient pas assez raides pour effaroucher... Quant à l'abbé Roche, il n'avait entendu que la fin de la dernière strophe ; il s'approcha donc d'Aristide et lui dit :

— A la bonne heure, vous avez exprimé là des sentiments chrétiens, aucune gaîté n'est profonde.

Puis, se tournant vers Guy, il ajouta :

— Vous avez écouté, n'est-ce pas, monsieur ? sachez profiter.

Alors on entoura l'abbé ; ce fut à qui lui van

terait la moralité du morceau. Le petit homme s'ahurissait à vue d'œil. Et tandis qu'on s'ingurgitait avec satisfaction des lampées de cognac, le ventre secoué par un reste de gaîté, les joues enluminées, Segurola, au piano, déchaînait une tempête de gammes vertigineuses.

Aristide lui cria :

— Dis donc, auras-tu bientôt fini de te gargariser?

Mais le musicien n'était pas disposé à quitter la place; ses doigts manœuvraient avec une agilité extraordinaire; il remontait le piano dans toute sa longueur, puis le redescendait, et le vacarme de l'instrument dominait le tapage des conversations.

Octave Blaisot s'impatientait après le retour de Pauline. Durant la lecture d'Aristide, il n'avait pas desserré les dents, de peur que son futur beau-père ne le trouvât inconvenant. Au fond, le pharmacien était très-paillard; six mois auparavant, dans une réunion d'apothicaires libre-penseurs, il avait soutenu qu'il se ferait volontiers musulman, pour vivre dans un sérail.

A l'autre bout du salon, le paradoxal Aristide s'était emballé; s'entourant d'une nuée de gestes, il hurlait :

— L'amour! l'amour! ne me parlez jamais de

cette cochonnerie-là; l'amour est une des plaies de l'humanité. C'est bien la peine d'aimer une femme pour la voir se ratatiner en quelques années. Je hais les mannequins à cheveux blancs, parce qu'ils se rapprochent de la caricature. Les beaux vieillards n'existent pas. On devrait mourir à cinquante ans.

Sur ces entrefaites, la porte s'ouvrit et madame Poupelart demanda :

— Pouvons-nous entrer ? Avez-vous fini de débiter vos horreurs ?

— Entrez ! entrez !

Elles entrèrent toutes trois, très-jolies et très-dissemblables. Segurola jouait une marche funèbre. Vu de dos, il était sublime; ses longs bras couraient sur le piano; à chaque instant, il relevait par un geste brusque sa chevelure mérovingienne. Les dames réclamèrent le silence.

Le musicien fit mugir trois accords successifs, et il crut voir un immense cortége de voitures en deuil s'allonger sur le boulevard Montparnasse. Sol, la, si... tout d'abord, venait le corbillard au-dessus duquel tremblaient cinq plumets. La, si, sol..., huit chevaux couverts de caparaçons noirs agrémentés d'argent, et tenus en main par des palefreniers traînent le corbillard. Mi, ré, do; mi ré, do, les cloches d'une église voisine sonnent pour un mariage. Mi, ré, fa, do; en avant la mu-

5.

sique militaire! Boum! un coup de canon! Tra deridera; les oiseaux chantent sur les marronniers du trottoir. Ré, ré, mi, c'est un ministre qui est mort. Boum! boum! second et troisième coup de canon. Do, do, do, do; des fleurs et des couronnes, comme s'il en pleuvait. Do! avec la pédale; le ministre a laissé une veuve inconsolable. Une gamme descendante! la rue est encombrée, la préfecture de police n'aurait pas tort, si elle veillait un peu plus à la circulation. Si, sol, si, sol... Enfin! on se remet en marche. Mi, fa, mi; les soldats de service ne sont pas à la noce. Tremolo! la nature en fête prouve une fois de plus qu'elle est insensible aux scènes de désolation. Ré! note philosophique d'une immense portée. Si, mi, la!... le cimetière. Boum! canon. Sol! le ministre est enterré. Do, do, do, do, do, mi, do; signé Segurola.

Et aussitôt sa marche funèbre terminée, celui-ci opéra une volte-face vers la société. Autour de lui, on murmurait :

— Charmant! charmant!

Personne n'avait compris une note. Ne saisit pas qui veut la profondeur prétentieuse des intentions musicales.

Alors, au milieu des félicitations, afin de produire un effet plus complet, Segurola prit congé de son auditoire, sous le prétexte mensonger qu'un concert chez la duchesse de X... l'obligeait à retourner sur-le-champ à Paris.

Il était dix heures. Aristide donna le signal du départ. Les Poupelart n'avaient que la rue à traverser. La pharmacie d'Octave Blaisot trônant à Vaugirard, Segurola et le gros garçon partirent de leur pied léger.

Au moment où Barbelet embrassait les jeunes filles, Jeoffrin lui dit :

— Reste, j'ai à te parler.

Et tout en se dirigeant vers Issy, l'abbé Roche et son élève s'entretenaient de choses et d'autres.

— Braves gens, honnêtes gens que ces Jeoffrin, n'est-ce pas, monsieur Guy?

— Oui, les femmes sont très-bien, surtout la grande.

— Vous vous êtes amusé?

— Non.

— C'est moi qui ai fait faire leur première communion aux demoiselles.

— Dites donc, elle est carrément amoureuse de son pharmacien la petite. — Avez-vous lu *Paul et Virginie*?

— Jamais.

— Et la *Nouvelle Héloïse*?

— Jamais.

— Alors, impossible de causer sentiment avec vous.

Le jeune gommeux marchait très-sérieux. Il était plus grand que l'abbé. Celui-ci timide ne se sentait pas à l'aise devant ce joli garçon poussé comme une mauvaise herbe. Cependant, il dit :

— C'est demain vendredi.

— Oui, *dies Veneris*, un beau jour! monsieur l'abbé. J'eusse aimé à le célébrer avec Michelle Jeoffrin.

L'abbé Roche faillit tomber à la renverse. Une minute, il prit l'aplomb de son pensionnaire pour un accès de folie; mais ne pouvant que se fâcher, il se promit d'écrire le lendemain à monsieur de Lassalle père que le fils qu'il tenait de sa haute confiance lui avait tenu quelques propos libertins. Là-dessus, il se mit à rêvasser sur la façon dont il rédigerait sa lettre, tandis que Guy lui disait :

— Pourquoi diable! cet imbécile de Blairot, Blaisot, je ne sais pas son nom, n'a-t-il pas choisi Michelle? il faut qu'il soit bête à lier. Moi, je n'aurais pas hésité. La voyez-vous, au bois, le matin, en amazone, sur une alezane brûlée, avec un voile bleu qui flotte? On s'en lécherait les lèvres. — A propos, je vous prie, dans quel but la jambe de bois de ce monsieur Poupelart est-elle peinte comme un drapeau?

— Je ne sais pas.

La nuit était claire. Les arbres sous lesquels ils marchaient se suivaient pleins de blancheurs laiteuses. Au-dessus d'eux, beaucoup d'étoiles ressemblaient à des fruits de lumière, tant les yeux étaient trompés sur leur éloignement dans l'obscur fouillis des branches et des feuilles. Partout, des ombres nacrées se promenaient sur l'avenue ; du côté de la Seine, au bord de l'eau, les grenouilles s'égosillaient. Le bruit de leurs crécelles s'était répandu sur le sommeil des choses, et il montait dans le silence, dominé par le chant des crapauds dont la voix est pareille à une note grave de flûte.

III

Par une matinée sans souffle du mois de janvier 1827, devant l'église Saint-Sulpice poudrée à frimas comme une chanoinesse Louis XV, sous une neige qui descendait légèrement d'un ciel éteint et qui s'attachait aux vêtements, très-duveteuse, un jeune homme chaudement emmitouflé, coiffé d'un chapeau Rubens abordait un flâneur assez mal mis.

— Pardon! monsieur; excusez-moi si je me permets de vous arrêter. Voudriez-vous me rendre un service? Dans quelques minutes, on apportera ici, pour le déclarer, un enfant venu au monde la nuit dernière. L'accouchée est une provinciale récemment débarquée à Paris, elle ne connaît personne. Puis-je compter sur vous, en qualité de témoin?

— Oui, monsieur.

— Je vous remercie.

— Allez, pour si peu...

— Vous me tirez d'un fameux embarras.

Autour d'eux, la neige s'amassait sur le sol.

— Vous habitez ce quartier? demanda le jeune homme au chapeau Rubens, afin de ne pas rester coi.

— Oui, monsieur; je suis garçon de magasin, rue du Cherche-Midi.

— Métier agréable?

— On ne se plaint pas.

— Votre patron?

— Un vieux brave, allez!

— La patronne?

— Enterrée.

— Sapristi! c'est dommage! bien dommage, vraiment! — Voulez-vous me permettre de vous offrir quelque chose, là, au café d'Hermopolis?

— Non, allez! je n'ai pas soif.

— Sérieusement?

— Sérieusement. Vous comprenez, quand vous m'avez rencontré, je faisais la promenade que j'ai l'habitude de faire après mon déjeuner. Allez! vous n'êtes pas le premier à qui je sers; on m'a vu plus d'une fois à la mairie.

— Voici la sage-femme!

— Oh! elle n'avait pas besoin de trop se dépêcher; on a le temps.

Tous deux allèrent au-devant d'elle. Sous un

immense parapluie de cotonnade raccommodée, celle-ci, une vieille matrone, portait sur un bras un nouveau-né bleu de froid et grelottant qui vagissait.

Elle dit au jeune homme :

— Vous avez votre témoin ?

— Oui.

— Monsieur ?

— Oui. — Tiens ! mais c'est monsieur Madolle.

— Bonjour, madame. Allez ! c'est moi tout de même.

— Parfait ! dépêchons-nous, je meurs de faim.

Le bébé lui aussi mourait de faim.

La sage-femme les précéda vers la mairie. Quand on y fut, elle poussa la porte du bureau des déclarations, et suivie par ses deux compagnons elle entra dans une grande salle nue dont la cheminée lançait une chaleur terrible. Il y avait là quatre ou cinq bûches qui flambaient. On se serait cru au fond d'une étuve. Les nouveaux venus s'arrêtèrent un instant, à demi suffoqués.

Devant une espèce de pupitre posé sur une longue table maculée, un bout d'homme chauve écrivait. Il ne se dérangea point.

La sage-femme murmura :

— Monsieur, nous...

Une voix sèche l'interrompit :

— Attendez !

On s'assit sur une banquette piteuse et rabougrie. L'enfant se plaignait toujours. Au bout d'un quart d'heure, l'employé cria :

— Il me casse la tête votre paquet ; asseyez-vous dessus. — Un garçon ou une fille ?

— Un garçon.

— Né où ça ?

— Rue de Seine, 43.

— Fils de qui ?

— De père inconnu.

— Fils de qui ??

— De père inconnu.

— Vous êtes donc bouchés ! on vous demande le nom de la mère.

— Louise Jeoffrin, modiste.

— Elles n'en font jamais d'autres. Des bâtards ! toujours des bâtards ! je suis au service des bâtards. — Comment voulez-vous qu'on appelle le morveux ?

— Louis Jeoffrin.

Ensuite, s'adressant aux deux hommes, l'avorton continua :

— Vous êtes les témoins ?

— Oui, monsieur.

— Eh bien ! alors, vos noms, vos prénoms, vos qualités. Vite !

— Stanislas Cordonnier, étudiant en droit.

— Comment ? étudiant en droit, cordonnier ?

— Cordonnier est mon nom.

— Eh ! parbleu ! Je le sais bien. Si on n'a plus le droit de plaisanter ! — Ah, ah ! Et le second témoin ? C'est vous ? encore vous ? Jean Madolle, garçon de magasin, n'est-ce pas ? Vous faites-là un joli métier ; bon an, mal an, combien vous rapporte-t-il ?

— Allez toujours.

— J'ai votre adresse ; j'ai la vôtre aussi femme sage. Signez tous... Maintenant, ni, ni, fini ! vous pouvez vous en aller.

Dehors, les flocons descendaient toujours avec des lenteurs de plumes légères. Quand les deux hommes et la sage-femme eurent quitté la mairie, ils s'arrêtèrent debout sur le trottoir, éblouis par la neige, et leurs yeux se plurent à vaguer sur les voitures, sur les piétons qui passaient sombres au milieu des houppes fragiles et blanches, sur le porche de Saint-Sulpice froid comme un sépulcre, sur le chapelet de mendiants égrené le long des marches, sur une pauvre marchande du peuple qui traînait un camion vert au-dessus duquel tremblait une charge de neige, et dont la voix forte et enrouée, une voix de misère, une voix qui escaladait les sixièmes et traversait les vitrines, chantait : la boune poumme de te-erre ! la boune poumme de te-erre !

Alors, voyant qu'ils demeuraient là, inertes,

presque stupides, Jean Madolle s'en alla, pensant :
Ils veulent donc le faire crever ce chérubin d'un
jour, qu'ils le tiennent ainsi exposé à la froidure.
En voilà un de Jésus à quatre sous qui ne fera
pas de vieux os !

Un moment l'étudiant en droit l'aperçut en
train d'allumer sa pipe, et il eut l'intention de
courir après lui pour le remercier, mais la sage-
femme se dirigeait vers la rue de Seine, il em-
boita le pas derrière elle.

— Bast ! se disait-il, tout en marchant, j'ai eu
raison de ne pas rattraper ce garçon de magasin :...
un voyou !... je ne le reverrai plus... D'ailleurs,
tant pis !

Stanislas Cordonnier était le père de Louis
Jeoffrin.

Par hasard, le nouveau-né n'eût point à souffrir de cette corvée qu'on lui avait imposée ; et
quand il fut en nourrice, dans une maisonnette
propre, aux buttes Montmartre, chez une femme
très-saine dont le mari était maçon, il prospéra,
le nez fleuri d'une foison de petits boutons de lait.
Il s'acharnait si bien après le sein joufflu de la
mère Panseron, que celle-ci en riait jusqu'aux
larmes, le traitant de lichard et de goulafe. Le
premier de chaque mois, on envoyait vingt-cinq
francs par la poste, afin de récompenser les soins
donnés au nourrisson ; et ces jours-là, il n'en

était que mieux nettoyé, parce qu'on a beau dire, les ménages pauvres ont besoin d'argent aussi, car sans argent, pas de beurre dans les épinards. Néanmoins, en temps ordinaire, on aimait le môme, Lou, comme l'avait baptisé tout de suite Victor, le fils de la mère Panseron, un enfant âgé de sept ans qui était toujours malade. Le second fils de la brave femme, celui que Louis Jeoffrin avait remplacé était mort trois jours après sa naissance.

Au bout de quelques mois, lorsque la mère Panseron put constater la magnifique santé de son nourrisson, elle que son mari avait accusé de n'avoir que du lait empoisonné, un orgueil colossal la rendit insupportable.

— Hein ? disait-elle, continuellement à son mari, en lui déshabillant le poupon frais comme une rose et gras comme une caille, hein ? mon homme, suis-je encore une mauvaise nourrice ? flaire-moi ce mignon.

Et lui, un hercule grand et maigre qui marchait un peu voûté, comme s'il eut porté sur ses épaules un poids équivalent à la somme de travail qu'il accomplissait journellement, ne répondait pas, ne comprenant pas cette fierté en faveur d'un étranger, parce que leur enfant à eux deux dépérissait à vue d'œil et ressemblait à une asperge montée.

Par le fait, c'était un pauvre petit bonhomme que leur Victor ! Il paraissait avoir au moins dix ans, tant il avait poussé en longueur, avec un duvet sombre sur les lèvres, tout prêt à se couvrir de poils. Assis contre la fenêtre, entre les rideaux de calicot blanc relevés par des ficelles, sa tête appuyé sur le dossier d'une chaise, car son cou frêle ne pouvait toujours la supporter, d'une pâleur de linge, les lèvres blêmes, suivant d'un regard sans vie les mouches turbulentes, il faisait mal à voir. Le charcutier d'en face prétendait que ce garçon mourait d'un ver rongeur, et il annonçait un remède : tuer le ver au moyen d'un poison violent. En attendant, Victor s'en allait toujours geignant, grincheux, détestable.

Un soir, sa journée finie, le maçon trouva sa femme qui sanglotait.

— Eh bien quoi ? demanda-t-il, pourquoi que tu pleurniches ?

Elle répondit :

— Tiens ! lis...

En même temps, elle lui tendait une lettre chargée.

— Nous avons donc fait un héritage que tu lâches les écluses ? Chouette !

— Mais lis donc.

Le maçon parcourut la lettre, puis la jetant par terre après l'avoir déchirée, il gueula :

— Bon sang de bon sang !
Voici ce qu'elle contenait

« Mes chers amis,

« Pour mille raisons qui me sont particulières, je me vois obligé de ne plus m'occuper de l'enfant que je vous ai confié. Je le regrette vivement, croyez-le, vu que la position dans laquelle vous vous trouvez est loin de me satisfaire. Un jour viendra sans doute où je pourrai m'acquitter envers vous du bien que vous ne sauriez manquer de vouloir à Louis Jeoffrin, que la Providence met à partir de cette heure sous votre sauvegarde. Il n'a plus de mère. Ci-joints encore vingt-cinq francs, hélas ! Je souhaite ne pas me tromper en vous disant au revoir !

« J'ai l'honneur de vous saluer »

La signature était illisible.
Furieux, le maçon répétait :
— En voilà un de cochon ! en voilà un de voleur ! Et nous n'avons pas son adresse !... Je le foutrai en marmelade.
Sa femme pleurait, disant :
— Nous avons montré trop de confiance, vois-tu, trop de confiance ! Qu'est-ce que nous allons en faire maintenant de ce petit ?

— Est-ce que je sais?

— Nous ne sommes pas riches.

— Ah! malheur! si nous étions riches!

— Qu'est-ce que nous allons en faire? Je ne veux pas le porter aux enfants trouvés.

Finalement, ils gardèrent Lou. Et jusqu'à sa huitième année, en compagnie d'une bande joyeuse de galopins, vif, déguenillé, les fesses au vent, doré comme un fruit mûr, l'abandonné polissonna dans la rue avec les rayons de soleil, culbuta sur les trottoirs, tripota la boue des ruisseaux, fut le camarade des chiens du quartier, hanta les rez-de-chaussées où s'étiolent des géraniums, des pensées et des résédas, plantes chères aux concierges. Le macadam lui usa plus d'un fond de culottes, le cailloutis raboteux des routes plus d'une paire de souliers. Et son enfance claire comme un printemps s'écoula robuste, tandis que celle de son frère de lait se traînait languissante et affadie.

Un jour vint cependant où on le conduisit à l'école. Lou n'y fut point paresseux. Dès huit heures du matin, il partait, un panier d'osier renfermant des tartines sous le bras, et il ne rentrait jamais avant quatre heures. Si la mère Panseron, de temps à autre, demandait le maître d'école afin de savoir si l'enfant apprenait; invariablement, sur un ton de voix nasillard, le magister répondait : — Je suis content de son travail. Votre fils est studieux, madame Panseron, il arrivera.

Et souvent, il ajoutait toujours aussi la même phrase, comme s'il en avait possédé un magasin à son service : — Par exemple, moi, madame, tel que vous me voyez, je suis le fils d'un simple menuisier,... d'un simple menuisier ! De quel droit suis-je parvenu à la position que j'occupe ? par le droit du travail, madame, oui, par le droit du travail. Les travailleurs se moquent des protections.

Et la bonne femme empoignait son galopin adoptif, lui déposait un baiser sur chacune de ses joues, et tout en regagnant son domicile, répétait :

— Il arrivera ! il arrivera !

En réalité, le petit homme ne manquait pas d'intelligence ; il était même très-fort pour son âge, très-pratique. Son regard malin observait tout, et sa mémoire n'oubliait rien. Lou n'avait qu'un défaut : il était sournois. Mais qu'importait ! — A treize ans il en savait à peu près autant que son maître. A quatorze ans, il aurait effrayé certaines gens, tellement il jouissait d'une belle indifférence pour les événements habituels, tellement il avait l'air d'avoir roulé sa bosse un peu partout.

Il s'agissait à présent de lui choisir un état. Un conseil de famille se réunit donc, un dimanche, après déjeuner. Il se composa de la mère Panseron, de son mari et de Victor, maintenant plus barbu que son père, plus haut, déjà vieux à vingt ans, et toujours aussi débile. A la suite d'un discours préliminaire, sur la question qui lui fut posée : — Qu'est-ce que tu veux être? le galopin répondit catégoriquement :

— Je veux être horloger.

On éclata de rire. Où diable le gosse avait-il pigé une idée pareille? Horloger? Rien que ça de chic? pourquoi pas roi de France? S'imaginait-il donc que les ouvriers maçons bâtissaient pour leur compte? Quel aristo! Les maçons dégringolaient bien des toits plus souvent qu'à leur tour; mais l'argent ne leur tombait pas dans la poche. Horloger? parbleu! quand il serait horloger en chef, il leur faudrait à chacun une tocante, une tocante en or, en vrai or, pour la mettre au clou. La mère Panseron promit qu'elle se contenterait d'une montre en doublé, pourvu que celle-ci eût deux boitiers et qu'elle marchât une semaine sans s'arrêter.

Pendant qu'on riait de lui, Lou ne bronchait point. On fut donc obligé de lui demander, cette fois pour en finir, si un état comme celui de peintre en bâtiments ne lui suffirait pas. Et, afin de l'éblouir, on essaya de faire briller devant son imagination la perspective du tripotage des couleurs, les dix francs par jour qu'il arriverait à gagner s'il devenait un propre à tout, et la blouse grise, emblême de l'aristocratie ouvrière.

Mais Lou n'écoutait que d'une oreille.

— Je veux être horloger, je veux être horloger, répétait-il.

Alors on se fâcha. Qui est-ce qui leur avait foutu un galapiat de ce tonneau-là ? Est-ce qu'il se fichait du monde avec sa tête de bourrique ? Croyait-il pas qu'on avait assez de pelots pour lui offrir un fonds de boutique assorti ? Pourquoi ne demandait-il pas tout de suite à vivre de ses rentes, à payer des larbins, à boustifailler comme un prince ? Oui, on lui en collerait de l'horlogerie, mais sur son derrière, s'il continuait à embêter les gens. Si, sous vingt-quatre heures, il n'avait pas fait un choix raisonnable, eh bien, il gâcherait du plâtre, il serait maçon. Il n'y a pas de sots métiers, il n'y a que de sottes gens ; le moutard était un sot.

Et comme la mère Panseron avait pris la défense de son petit, prétendant qu'il était trop savant pour n'être que maçon ; et comme elle montrait les mains de l'enfant, des mains d'une gentillesse et d'une forme exquise, des mains de bambine coquette dont l'unique occupation est de jouer à la madame, le père Panseron l'envoya se promener, ajoutant que c'était tant pis ! que l'ouvrier avait besoin d'une poigne large et infatigable, que les parents ne devaient pas chercher un état plus loin que le bout de leur nez, s'ils tenaient à ce que leurs mômes ne fussent pas des fainéants ou des gouapes.

Là-dessus on se tourna le dos ; mais le soir, dans le lit, aussitôt qu'on eut soufflé la chandelle, le maçon à moitié endormi entendit sa femme qui lui disait :

— Tiens! après tout, pourquoi qu'il ne serait pas horloger comme un autre, mon pauvre Lou ? Dans tous les métiers il faut des employés, des ouvriers, des apprentis.

Le lendemain, vers midi, Lou s'habilla de son mieux et vînt embrasser la mère Panseron.

— Je vais faire un tour, lui dit-il.

— Mâtin, te v'là faraud !

— Victor, viens-tu avec moi ?

— Non.

— A ce soir.

Il sortit. La mère Panseron se doutant de ce qui lui trottait par la tête, ne l'interrogea point. Il était libre cet enfant! On ne l'avait pas recueilli pour le contrarier. D'ailleurs, pourquoi ne réussirait-il pas ? Tout le monde ne pouvait débuter avec des mille et des cents. A la grâce de Dieu ! Panseron était bon mari, bon père, bon tout ce qu'on voudrait, bon garçon même, mais, il n'y avait pas à dire, il manquait d'inducation.

Une fois en route, le petit Jeoffrin se mit à réfléchir ; et quand il eut casé par ordre, dans sa mémoire, l'adresse des horlogers devant les boutiques desquels il s'était arrêté presque journellement, les yeux écarquillés, se haussant sur la pointe des pieds pour admirer les montres, les chaînes, les bibelots, collant son oreille aux glaces pour saisir l'intarissable bruit des tic-tacs, il se dirigea vers la plus prochaine, les épaules raides afin de se grandir, la mine composée afin de paraître moins jeune.

La sonnerie de la première porte vitrée qu'il ouvrit, sans hésitation, en homme qui a enraciné une décision dans sa cervelle, ne lui causa aucune émotion.

— Bonjour, monsieur.
— Bonjour.
— Auriez-vous besoin d'un apprenti ?
— Non.
— Et d'un ! murmura Louis quand la porte se fut refermée derrière lui, avec son éternel tapage de sonnette. De loin, il aperçut une de ses connaissances, le fils d'une fruitière ; mais ne voulant à aucun prix être rencontré par le hasard dans une compagnie aussi mal vêtue, il opéra un détour stratégique.

Plus de quinze horlogeries le repoussèrent ainsi, ni plus ni moins que la première, avec un : non ! proféré d'une voix indifférente.

On ne le regardait même pas. Un moment il fut pris d'un accès de rage concentrée ; une espèce de chaleur lui envahissait la tête, une chaleur de dépit, ses jambes commençaient à se fatiguer. En désespoir de cause, il se dirigeait vers la maison du dernier horloger qu'il se rappelait, lorsqu'il avisa tout à coup, rue des Tilleuls, dans un enfoncement, une boutique qui lui était inconnue. Elle lui sembla très-propre, peinte en noir avec des liserés bleus ; son étalage luisait accroché au passage par un filet de lumière ; on aurait juré qu'une colonie de petites étoiles s'était installée là, pour y prospérer. Cette apparition bouleversa Lou. Il avait donc fourré ses yeux dans sa poche, sous son mouchoir, chacune des fois qu'il passait rue des Tilleuls ? L'espoir lui revint. Il entra. Un homme d'une quarantaine d'années s'occupait à monter une horloge de campagne.

— Bonjour monsieur, avez-vous besoin d'un apprenti ?

— Parbleu ! j'en cherche un depuis plus de quinze jours.

Lou se sentit devenir pâle.

Une jolie fillette, sur une chaise, devant le

comptoir, jouait à la poupée, très-habile déjà, maniant des épingles, des chiffons et des rubans comme une adorable mère de famille orgueilleuse de son enfant. Sur le comptoir, un grand désordre gisait. Au fond de la boutique, un chat rouge poursuivait un bouchon.

L'horloger cria :

— Noémie ! Noémie ! arrive.

Une femme d'une trentaine d'années, la figure joviale, ne se fit pas attendre.

— Eh bien ? demanda-t-elle.

Et tandis qu'on l'examinait, une idée extraordinaire traversa la caboche du jeune Lou :

— J'épouserai la petite qui est là, plus tard, et je succéderai au patron.

— Mais il est très-gentil, je le trouve très-gentil, répondit l'horlogère. — Quel âge as-tu, mon ami ?

— Quatorze ans, madame.

— Tu as une bonne santé ?

— Oui, madame.

— Es-tu un peu au courant des affaires de l'horlogerie ?

— Non, madame, mais j'apprendrai.

— Comment te nommes-tu ?

— Louis Jeoffrin.

— Qu'est-ce que font tes parents ?

— Ils sont morts.

Et sur-le-champ, Lou inventa un conte : un accident de voiture lui avait enlevé son père ; le chagrin ressenti par sa mère, à la suite de cette perte, n'avait pas tardé à la tuer... Les cosaques, pendant l'invasion, dans un village de Picardie, lui avaient massacré une tante.

Il produisit un tel effet que la fille de la maison cessa de jouer à la poupée, que l'horloger murmura : Pauvre enfant ! et que Noémie continua, la voix attendrie :

— Chez qui loges-tu ?

— Chez ma nourrice.

— Eh bien, mon ami, viens nous voir demain avec ta nourrice, et nous nous arrangerons. Tu nous plais, seulement tu comprends.... nous désirons savoir à qui nous avons affaire.

— Oui, madame, je vous remercie.

— Au revoir !

— Au revoir, monsieur, madame, et mademoiselle.

Radieux, n'écoutant plus la fatigue, l'esprit léger, Lou prit sa course et retourna chez lui.

La mère Panseron binait son potager. A côté d'elle, sur un banc, Victor sommeillait allongé comme une chenille. Depuis quelque temps, le malheureux répandait une puanteur de tous les diables, une puanteur d'homme faisandé, bon pour la mort.

Lou se précipita dans le jardin, frôla Victor qui le traita de sale morveux, et tout d'une haleine :

— J'ai trouvé ! débita-t-il, on veut bien de moi. Il faut que tu viennes demain pour les arrangements, rue des Tilleuls, 35, chez M. Clérambeau ; il s'appelle Clérambeau, il a une fille, je les ai tous mis dedans, ne me démens pas.

Le lendemain, entre madame Panseron d'une part, et monsieur et madame Clérambeau de l'autre, il fut convenu que Louis Jeoffrin était accepté définitivement, en qualité de commis d'horlogerie, qu'il prendrait ses repas rue des Tilleuls, que pendant un an il ne serait point payé, mais qu'une fois le métier appris, on ne lésinerait pas sur les appointements.

Au bout de six mois d'apprentissage, le gamin savait le métier. Tout garçonnet qu'il était, il s'entendit vite à faire un étalage. L'objet qui sait tirer l'œil du passant ne manquait jamais de se pavaner à une place choisie.

Lou balayait la boutique, rendait mille services à madame Clérambeau, s'habillait toujours d'une façon irréprochable, presque aussi bien que le fils d'un tailleur ou qu'un calicot endimanché, témoignait de l'empressement aux clients, et pardessus le marché, avait trouvé le moyen de se rendre indispensable à mademoiselle Cécile Clérambeau. La pensée qu'il l'épouserait, qu'il succéderait à son patron, ne le quittait plus une minute. L'avenir lui apparaissait plein d'embellies, son intelligence d'enfant énergique bâtissait chacun de ses rêves avec cette solidité qui engendre les certitudes. Se marier avec Cécile, dans un temps donné, là était son but, et là tendirent ses actions, dont pas une ne fut insignifiante.

Une après-midi, la mère Panseron tomba chez l'horloger dans un état pitoyable. En revenant de voisiner, elle avait trouvé Victor étendu sans vie par terre, à côté de la chaise sur laquelle il était assis un quart d'heure auparavant.

— Ton frère est mort ! dit-elle.

Lou se dressa, une larme à l'œil, une larme de joie. Les économies du ménage Panseron lui apparurent comme s'il les avait gagnées à un jeu bizarre. Il se jeta dans les bras de sa nourrice et se mit à sangloter. Ah ! il ne s'attendait guère à pareille aubaine !

Madame Clérambeau lui souffla :

— Retourne avec ta mère, elle doit avoir besoin de toi.

Et elle lui glissa vingt francs dans la main. Il fallait bien récompenser les pleurs qu'on lui avait vus verser.

Il quitta la boutique. Auprès de lui, la mère

Panseron s'épongeait les yeux à l'aide d'un grand mouchoir de couleur ; elle lui parlait :

— Tu sais ! on a beau s'attendre à ces choses-là, ça cause toujours de la peine. Mon pauvre Victor ! mon pauvre Victor ! quand je l'ai aperçu couché sur les carreaux, mon sang n'a fait qu'un tour ! j'ai cru que j'allais en mourir. Il avait la bouche et les yeux ouverts... Alors j'ai sauté sur lui, je l'ai pris dans mes bras, je l'ai porté sur mon lit ; il ne pesait pas plus qu'une plume, malgré sa taille,.. et puis, on a de la force dans ces moments-là... Quelqu'un a couru chercher son père qui travaille rue des Quatre-Vents. Ah ! mon Dieu ! mon Dieu ! qu'est-ce qu'il va dire ?... Et moi qui bavardais chez madame Roussel ! Jésus, quel malheur ! il n'y a donc plus de bonté au ciel !... Mon pauvre Victor !

Les passants enveloppaient d'un coup d'œil indifférent cette femme éperdue qui marchait en compagnie d'un enfant. Et Lou pensait :

— Peut-on gémir ainsi pour une infection comme Victor ! Il était jaloux, assommant, toujours mal embouché, stupide. A quoi servait-il ? Le malheur est qu'il ne soit pas mort plus tôt. — Combien peuvent-ils avoir d'argent les Panseron ? C'est propre chez nous !.. Le père Panseron bûche tous les jours depuis le matin jusqu'au soir... On dit qu'il est rat. Je me trompe peut-être, mais douze mille francs d'économie, dix mille francs même vaudraient mieux que rien. Dans un an je serai payé. Bast ! j'aurai la fille du patron, si je sais m'y prendre.

Dans la maison, Victor ne remuait plus. La camarde l'avait agrippé, emballé, ficelé, sans seulement lui laisser la consolation de crier : au secours ! Il n'avait attendu que pour mieux sauter, et pas plus loin que de sa chaise par terre encore ! Le cimetière avait patienté pendant vingt longues années, histoire de faire une farce à la mère Panseron.

Étendu sur la couverture de laine, vêtu d'un bourgeron et d'un pantalon bleu usés, les pommettes saillantes, Victor n'avait plus besoin que d'une boîte en sapin. Quelle taille ! six pieds ! les commères le mesuraient du regard. Pour sûr, son père ne devait pas être aussi grand que lui, et avec ça de la barbe ! une longue barbe de sapeur noire et frisée. Tout de même, l'étoffe ne lui manquait point pour faire un bel homme ! Malheureusement, la maladie lui avait confectionné une paire d'épaules qui n'était guère large, et une poitrine si creuse... si creuse ! qu'elle donnait envie de se sauver, rien que de la voir. Allez donc faire des sacrifices pour les enfants ; autant vaudrait, en plein été, cracher par terre et prier le bon Dieu d'envoyer une gelée.

Agenouillé auprès du cadavre, ses moustaches grises piteuses et mouillées, le père Panseron balbutiait : Mon fils ! mon fils ! Quand la mère Panseron entra dans la chambre, elle perdit la tête et se trouva mal.

— Faut-il aller chercher un médecin ?
— Oui, allez !

Lou s'était assis dans un coin. D'abord, un malaise vague l'avait saisi en présence de ce frère qu'il avait connu le matin, vivant, parlant, se traînant encore ; mais, petit à petit, une réflexion lui avait remis le cœur à place : mieux valait que Victor fût couché là plutôt que lui.

Le médecin arriva au moment où la mère Panseron ouvrait un œil sous les douches de vinaigre qu'on lui administrait. La première parole de la pauvre femme fut :

— Ah ! mon Lou, voilà comment le bon Dieu m'a récompensée de t'avoir gardé !

Puis, s'adressant au docteur :

— Monsieur, alors c'est vrai ? je n'ai plus d'enfant ? Regardez bien, mon cher monsieur, vous savez, on peut se tromper.

Lou pensa :

— Est-elle bête !

Et à sept heures sonnant, profitant de ce que la cohue des voisins s'empressait autour du lit, il décampa et s'en fut manger à sa faim, dans une brasserie. Le garçon reçut un pourboire de vingt sous. On est généreux ou on ne l'est pas. Lou venait d'hériter de Victor.

Cependant, aidée par son mari, la maman Panseron avait déshabillé son fils, lui avait fermé les yeux, et l'avait recouvert d'un drap. Sur la table de nuit, un cierge brûlait à côté d'une tasse pleine d'eau bénite dans laquelle trempait une plume d'oie, en guise de goupillon. Une croix en argent reposait sur la poitrine de Victor, une croix que sa mère se nouait autour du cou, les jours de promenade. Elle avait l'air drôle ainsi placée, ne produisant qu'une tache légère sur la longueur blanche du cadavre.

Lamentable auprès de la fenêtre, le maçon ne bougeait pas. De temps à autre, un sanglot le remuait.

Et Lou s'apercevant que la veillée mortuaire avait commencé, que des voisines, au milieu du silence qui planait, entraient à pas sourds, aspergeaient Victor, et priaient, se dirigea vers la mère Panseron accablée ; il voulait dormir.

Celle-ci le serra de toutes ses forces contre sa poitrine, disant :

— Oh ! toi au moins, tu me restes, tu ne mourras pas, toi.

Il n'avait nulle envie de mourir. Eh bien, merci ! elle pouvait être tranquille.

Et comme il se retournait vers le maçon, il entrevit, sous le lit, thomas, négligemment dissimulé, un immense thomas qui brillait de profil dans l'ombre.

Alors un sourire lui glissa sur la face.

— Bien sûr que Victor ne descendra pas cette nuit, se dit-il.

Le maçon appela :

— Lou ! viens m'embrasser à mon tour.

L'attendrissement de sa femme l'avait gagné.

— A présent, tu es notre seule consolation, continua-t-il ; tu seras notre bâton de vieillesse ; il faudra que tu nous honores, et que tu tâches de nous faire oublier celui qui est parti.

Lou dormit jusqu'au lendemain neuf heures, sans sourciller.

Par les temps de forte chaleur, les boueux passent le matin dans les rues, afin d'enlever les ordures ; la tournée des croque-morts se fait presque tout de suite après la leur. Les deux métiers se ressemblent.

Victor fut enterré au cimetière Montmartre.

Louis Jeoffrin n'avait pas encore vingt-cinq ans lorsqu'il se maria avec Cécile Clérambeau. Il l'avait bien gagnée par sa persévérance et par les soins que l'horlogerie lui avait coûtés ; et puis, il avait inventé un système de montres en cuivre à cadran enjolivé de petits sujets peints sur émail. Dieu sait si elles se vendirent ! Louis qui faisait lui-même ses tournées en province, dans les campagnes et dans les villes de garnison rapportait des mille et des cents. Le bon marché de ces montres séduisait les plus chiches, et la variété des scènes que Louis exécutait lui-même, par économie, avec une habileté remarquable, amusait tout le monde.

Pour soixante-neuf francs quatre-vingt-quinze, le commis-voyageur donnait une montre, une chaîne, des boucles d'oreille, une bague et un bracelet. On s'arracha ses pacotilles. Il magnétisait l'argent paresseux des villageois. Pendant six années, une fois par an, tantôt ici, tantôt plus loin, on le vit émerveiller des foules de badauds assemblés, à l'aide d'un bagoût imperturbable. D'ordinaire, il n'apparaissait que le dimanche, ou les jours de fête, aux époques où la soulographie s'abat sur les villages et les enfièvre.

Le ventre callé à une table de cabaret, buvant, gesticulant, tapant sur la bedaine des paysans avec une familiarité de tout jeune homme richard et bon enfant, il racontait des histoires de Paris, des histoires qui les étonnaient : puis, quand il sentait son auditoire enlevé, gagné, complaisant, il prenait sa marchandise, l'étalait, la faisait miroiter sans trop l'entourer de hâbleries, promettait de raccommoder pour rien les cou-cous détraqués, et finalement s'arrangeait pour qu'elle disparût en échange de la somme demandée. D'ailleurs, on ne se plaignit jamais de lui, parce que les montres marchaient convenablement, et parce que les bijoux en toc (il avait inventé le mot), avaient assez d'aspect pour exciter l'enthousiasme, les convoitises et les coquetteries campagnardes.

Cécile adorait Jeoffrin, il ne lui fut donc pas difficile de l'obtenir. La reconnaissance de l'horloger maria sa fille. Et celle-ci ne s'aperçut de la monstrueuse indifférence de son mari que quand elle fut trop amoureuse pour n'en point souffrir. Cependant Jeoffrin était susceptible d'engouement, témoin celui qu'il eut pour Barbelet quand il fit sa connaissance, et celui dont il entoura Poupelart, un engouement qui dura plusieurs mois.

Trois ans après son mariage, voici ce qu'il répondit à sa femme, le jour où celle-ci lui annonça toute joyeuse qu'elle se croyait enceinte :

— Passe pour cette fois, mais tâche de ne pas recommencer.

Il ne montra jamais aucune affection à ses enfants. Devenu horloger, Jeoffrin dirigea son commerce avec une aptitude rare, mais déjà de vastes projets lui roulaient dans la tête, des projets de recherches dont la réussite indubitable quoique fixée à un temps indéterminé, devait selon lui, produire une fortune.

Autour de son ménage, toutes ses connaissances, tous ceux qui l'avaient aimé étaient morts. Quand il s'entretenait avec lui-même, dans le silence qui se fait par instants dans l'esprit des hommes, il pouvait se tenir une conversation dans le genre de celles que chacun a entendues, dans la bouche des vieux amis de collége, une conversation où le mot : mort! concis comme un éclair d'épée, revient au bout de chaque phrase qui s'envole.

— Qu'est devenu Pomereux, tu sais ? Pomereux, celui qui voulait être ingénieur ?

— Mort.

— Et Gautier, le petit Gautier qui faisait de si bonnes charges aux pions ? Tu ne te souviens plus de Gautier ?

— Si, si ; mort.

— Et Bernier, ton inséparable ?

— Mort.

— Et Bioux ? et Chauvin ? et Montplaisir ?

— Morts ! morts ! tous morts !

Les vieillards qui abandonnent derrière eux un long passé de calme ont le droit de se désoler et de se débattre contre l'inévitable tombeau prêt à les engloutir au moindre malaise.

Oui, la mère Panseron, le père Panseron, les

Clérambeau, bien d'autres encore étaient en train de manger l'herbe par la racine. Hier Paul, avant-hier Jacques, ils avaient tous disparu, ne laissant que des nippes façonnées à leurs mouvements, que des lambeaux de phrases accrochés à la mémoire des gens, qu'une silhouette, non pas celle de leur corps bien portant, mais celle qu'ils avaient sur leur dernier matelas, sous leur dernier drap, à l'heure où les minutes font de chaque individu un objet d'épouvante.

Ce fut quelques mois avant la naissance de Michelle que Jeoffrin connut Barbelet. Celui-ci était employé dans les bureaux de la préfecture de police, et habitait la même maison que l'horloger. Ils commencèrent par s'apercevoir dans les escaliers, puis par se reconnaître dans un petit café où tous deux allaient boire de la bière, le soir, après leur dîner, par se saluer, par se parler, bref! par se lier. Ainsi se font certaines amitiés qui durent souvent autant que l'existence. Jeoffrin voulut que Barbelet fût le parrain de sa fille aînée; il voulut encore que son nouvel ami déjeûnât et dînât chez lui tous les dimanches. Aussi longtemps que dura l'engouement de l'horloger pour son voisin, celui-ci fut choyé, fêté, consulté sur les choses de la plus minime importance. Barbelet s'étant plaint de sa femme de ménage, par hasard, devant Jeoffrin, madame Jeoffrin fut obligée d'employer huit longues journées à lui en trouver une d'un bon marché exceptionnel. Pour ses étrennes, au premier de l'an, Barbelet reçut une montre d'une valeur de cinq cents francs au moins. Un jour vint où le malheureux ne sut plus où se cacher sous la pluie de cadeaux dont il fut accablé. S'il faisait mine de refuser quelque fanfiole, Jeoffrin entrait dans une colère épouvantable. Les tendresses de l'horloger finirent par lui inspirer des craintes. Le fait est qu'elles ressemblaient à celles d'un amoureux pour sa maîtresse, à telle enseigne que madame Jeoffrin ressentit de véritables attaques de jalousie contre cet homme fortuné auquel son mari la sacrifiait. Puis, un matin, de toute cette amitié, de toutes ces démonstrations abracadabrantes, il ne resta que des poignées de main échangées par-ci par-là, qu'une camaraderie ordinaire, qu'une affection indéracinable vouée par Barbelet à sa filleule. L'engouement de Jeoffrin n'existait plus.

Dès lors, l'employé à la préfecture, un excellent garçon, fut apprécié par Mme Jeoffrin ; elle en fit le confident de ses plus secrètes pensées ; son ancienne jalousie lui parut ridicule. Ce fut à Barbelet qu'elle se plaignit de l'indifférence de l'homme qu'elle idolâtrait ; ce fut lui qu'elle entretint de sa prodigieuse passion pour ce mari qui ne voyait jamais en elle qu'une femme, c'est-à-dire un instrument de plaisir bon pour la nuit quand il s'enivrait d'elle, bon pour le jour quand il l'entraînait brutalement vers leur chambre à coucher. Ce fut devant lui qu'elle pleura, parce que Jeoffrin n'aimait pas ses enfants ; ce fut devant lui que Jeoffrin fut pardonné, à l'heure où pauvre être émacié, elle mourut, jeune encore, d'une fièvre muqueuse, sept ans après la naissance de Pauline ; et ce fût à lui qu'elle confia ses deux filles, ses deux anges, comme elle les appelait, dans une suprême crispation.

Et voilà pourquoi Barbelet s'était fait nommer commissaire de police à Issy, près des Moulineaux, quand Jeoffrin, riche de trois cent mille francs, avait vendu son magasin ; et voilà pourquoi, de préférence à tous les autres, on l'avait retenu après ce dîner à la suite duquel l'illustre Segurola joua en public pour la première fois, sa marche funèbre.

Aussitôt les invités disparus, les deux hommes retournèrent au salon. Jeoffrin marchait le premier, la tête basse, et Barbelet le suivait un peu ennuyé

Michelle et Pauline montèrent se reposer ; elles couchaient dans la même chambre, une chambre bleue et tiède à deux lits, dans une chambre où elles ressemblaient à deux tourterelles blanches qui se becquètent dans l'azur, quand elles s'embrassaient le soir, en chemise, avant de s'endormir.

Ce soir-là, ni l'une ni l'autre n'éprouvaient de fatigue. Elles pensaient à Octave Blaisot, à cet heureux pharmacien chéri des dames qui tant de fois avait ronflé comme un orgue, au-dessus de sa boutique encombrée de drogues. Pauline se remémorait un par un les attouchements platoniques de son fiancé ; elle savourait les sentimentalités permises qu'il avait effeuillées en son honneur, et frétillante, songeuse, elle se parait déjà, en expectative, de cette toilette de mariée qui devait la rendre si désirable sous la gaze nuageuse du voile, sous les fleurs d'oranger à pistils d'or, sous la robe virginale. Elle se sentait heureuse, vivante, légère dans ses draps ; et des frissons parcouraient sa peau à l'idée qu'elle partagerait bientôt la couche d'Octave, que des mystères lui seraient dévoilés par ce cher homme dont l'image la poursuivait ; et sous sa camisole, la pointe de ses seins se dressait, comme si les deux roses fleurs de chair avaient besoin pour s'épanouir d'une caresse chaude, d'une atmosphère subtile et pénétrante. Sa joie lui emplissait l'esprit d'éclaircies jaunes de soleil, de concerts où la chanson des voix ailées ne se taisait que pour mieux lui plaire ensuite, de coins de ciel chatoyant, de baisers qu'elle entendait en même temps qu'elle en appréciait le charme, d'un continuel passage de sensations incomplètes, mais agréables, nouvelles, d'une acuité excessive. Pas une inquiétude ne gênait les projets que son imagination lui suscitait sans jamais les approfondir pour qu'ils dégénérassent. Aucun souci ne hantait ses préoccupations d'avenir. Ce but que toutes les jeunes filles désirent : le mariage, elle l'avait atteint à dix-huit ans, et une satisfaction douce lui tenait les yeux ouverts. Octave Blaisot était l'homme de qui elle aurait rêvé, si à l'exemple de sa sœur elle avait pu rêver, jadis, avant qu'elle le connût. A présent, le pharmacien lui tourbillonnait dans la tête, lui dansait sur le cœur avec mille bruits de grelots qui l'amusaient. Il se mêlait de l'enfantillage et un peu de niaiserie à l'amour de cette enfant, cela le rendait bruyant. Octave serait venu lui faire la cour coiffé d'un chapeau gibus, agrémenté d'un costume de polichinelle qu'elle aurait ri d'abord, puis l'aurait écouté sérieusement. Elle avait ce genre de tempérament exclusif qui érige en qualités et en drôleries les défauts et les ridicules du bien-aimé.

Or, tandis que Pauline palpitait dans son lit

comme une chatte amoureuse, cherchant les places fraîches afin de s'y rouler, Michelle brûlante, ulcérée, triste, immobile, était jalouse. Il lui prenait des envies folles de se marier à un vieillard, de le supporter, de le soigner, de lui témoigner un dévouement sans bornes, sous les yeux d'Octave Blaisot, pour se venger, pour que la voyant si bonne et si tendre, pour que la comparant à sa femme plus tard, il la regrettât. Elle aurait voulu lui arracher ce cri de regret : Qu'aurait-elle donc fait pour moi qui suis jeune, si je l'avais épousée !

Toutes les extravagances la tenaient successivement pantelante. Sœur de charité ! oui, maintenant, elle serait sœur de charité. Consacrer sa vie à quelque chose de bien absorbant, de bien ennuyeux, lui paraissait une félicité sans égale. De cette manière, elle aurait le droit de se plaindre aux quatre murs de sa cellule, au grand Christ noir suspendu qui la prendrait en commisération; de cette manière, elle pourrait s'enfoncer dans la douleur avec délices, et ne jamais être distraite. Elle eut cependant une distraction : elle se vit en longue robe épaisse et flottante, le visage tranquille dans une de ces coiffes énormes dont les ailes battent comme celles des papillons blancs, la face amaigrie, plutôt ombre que femme, glissant sur le carrelage d'un austère couloir dont la paix n'était troublée que par le cliquetis vague de son chapelet formé de noyaux d'olives ; et elle s'aima ainsi accoutrée par le désespoir, en tout point digne de pitié. Puis, sa raison de plus en plus lasse s'affaissa sur elle-même. Une humilité presque grandiose l'envahit. Cette superbe fille que tant d'hommes auraient suivie à genoux dans la poussière oublia sa beauté pour ne plus se rappeler que son insuccès, pour excuser Octave de l'avoir méprisée. Ah! pensait-elle, il a eu raison de me préférer Pauline; elle vaut mieux que moi, elle est plus gaie, plus attrayante, que sais-je!... Jamais elle n'aurait eu la corruption d'aimer mon fiancé à moi, si j'avais été fiancée à quelqu'un. Pourtant, je ne suis pas coupable, je n'ai que du malheur. Son éternel refrain lui revint encore : Je n'ai pas de chance, pas de chance! Et son humilité disparut tout à coup comme emportée par un souffle de tempête. Une rage sourde, haineuse la fit trembler, lui arracha un sanglot qu'elle étouffa dans son oreiller, la cloua presque d'épuisement sur ce lit où elle avait dormi de si bon cœur, quand cet Octave Blaisot ne l'avait pas troublée, à l'époque où ses émotions, ses espoirs de jeune fille n'escaladaient point la redingote du pharmacien pour enlacer sa forte taille, pour essayer de lui grimper jusqu'aux lèvres. Michelle soupira largement.

Au-dessus de la chambre où cette veillée d'amour s'accomplissait si différente, si sobre de bruit, Jeoffrin et Barbelet se disputaient. Leur conversation d'abord peu gênante, placide, égale comme un bourdonnement s'était élevée à un diapason singulier.

Traversant le parquet mince, les voix finirent par obséder les deux sœurs. Elles écoutèrent.

— Alors, tu ne veux pas? C'est bien entendu? Tu ne veux pas?

— Encore une fois, je ne demanderais pas mieux, mais je ne peux pas. Où as-tu gaspillé ta fortune?

— Je n'ai rien gaspillé, j'ai perdu. Le théâtre du Châtelet dont je fus actionnaire, il y a cinq ans, m'a englouti deux cent mille francs. On n'est pas chançard tous les jours.

Au bout de quelques instants de silence, Barbelet reprit :

— Combien te reste-t-il?

— Six mille francs, pas un rotin de plus.

— Combien tes travaux t'ont-ils coûté?

— Quarante mille francs.

— Écoute, Jeoffrin, je connais ta situation aussi bien que toi-même, pourquoi cherches-tu à me tromper? Dans l'affaire du Châtelet, tu n'as perdu que soixante mille francs, j'en suis sûr.

— Ah! tu en es sûr?

— Oui.

— Diable! on voit que tu es de la police.

— Après?

— Tu cumules : commissaire et...

— Mouchard, n'est-ce pas?

— Dame!

— Soit! mieux vaut être mouchard que spoliateur.

— Spoliateur?

— N'as-tu pas presque volé tes filles en les dépouillant?

— Volé? tu as dit presque volé? Ah ça!... mais la preuve que je ne suis pas un voleur, c'est que ton gousset renferme en ce moment une montre que je t'ai jadis payée.

— Veux-tu que je te la rende?

— Parbleu!

— Tiens!

Un bruit sec retentit, le bruit d'un objet dur frappant contre un autre objet dur. La voix de Jeoffrin cria, ironique :

— Oh! oh! tu te fâches. Elle ne t'avait pourtant rien fait cette pauvre montre.

— Adieu!

— Au plaisir de ne plus te revoir.

— Canaille, va!

— Canaille, mais pas bête! — Tu sais, je la ferai arranger.

Des pas résonnèrent dans le vestibule ; puis la porte de la rue fut fermée avec fracas.

Désolée, tremblante, Michelle n'osait point remuer. Donc, elle ne verrait plus Barbelet, désormais ? Il ne reviendrait plus ? Elle portait donc malheur aux gens qui lui vouaient de l'intérêt. Ah ! il ne lui manquait plus que cela ! Pas de chance ! pas de chance ! A la fin, quand lui viendrait-elle donc cette chance ? Demain, ou après demain ? la semaine des quatre jeudis ?... Après sa mort, peut-être ? Ah ! ah ! ah ! on pourrait faire un roman avec sa vie ! Et dire que certaines femmes n'ont qu'à ouvrir la bouche pour que les alouettes leur arrivent toutes rôties. Non ! c'était trop fort !

Alors elle appela : Pauline ! Pauline ! Mais celle-ci ne répondit rien ; le sommeil l'avait prise, rose dans ses draps blancs.

Au-dessus de ses filles, pendant des heures, Jeoffrin arpenta sa chambre de long en large. Il avait oublié son espoir d'argent déçu, Barbelet, leur brouille, la nuit, ses enfants, la terre, et son esprit voguait dans les nuages.

IV

Il était midi. L'ombre du palais du Luxembourg s'étalait comme découpée sur la terre, presque bleue. Dans leurs cages de fer, autour des gazons, les plantes se chauffaient au soleil. Un seul promeneur accoudé sur une balustrade en pierre jetait du pain aux moineaux et aux ramiers du jardin; c'était l'homme aux oiseaux, un petit vieux très-pâle, vêtu d'une mauvaise redingote. Accrochée à son pantalon, posée sur son chapeau, courant sur le sable, roucoulant, se battant, piaillant, voletant, la bande joyeuse dont il se montrait le souverain pacifique et inoffensif se régalait. Un instant, Jeoffrin regarda les cygnes qui nageaient près de leur cahute, leurs ailes gonflées par un de ces vents hostiles aux chapeaux, puis, montant l'escalier de pierre flanqué de statues et de corbeilles, il se dirigea vers la rue Gay-Lussac. Derrière lui, le vent soulevait les

basques de sa redingote. Il marchait rapidement.
Les marronniers agitaient leurs éventails verts. Il
cotoya un immense massif de calladions, franchit
la grille du jardin et s'arrêta, ne sachant pas au
juste où se trouvait la rue qu'il cherchait.

Devant lui, le boulevard Saint-Michel descendait
vers la Seine, entre deux rangées d'arbres debout
sur ses trottoirs dominés par de hautes maisons
neuves. Au milieu de la cohue des voitures, le
cocher d'un fiacre vide lui cria : Hé! bourgeois,
montons-nous? Jeoffrin répondit : Non! mais se
ravisant aussitôt : 1, rue Sainte-Catherine-d'Enfer,
fit-il, à l'heure! cocher. Une minute après, il s'arrêtait dans la rue et devant la maison qu'il venait
d'indiquer.

— Monsieur Segurola, s'il vous plaît? demanda-t-il au concierge.

— Sixième, porte en face.

— Diable! murmura Jeoffrin.

Cependant il entreprit l'ascension. Le clapotement vague et encore lointain d'un piano sur
lequel on tapait, emplissait l'escalier d'un murmure sonore. Maintenant il distinguait l'air qu'on
jouait, un air triste et suranné comme la chanson d'un pauvre homme. Jeoffrin s'arrêta pour
souffler ; ensuite, afin d'en finir, il escalada très-
vite les deux derniers étages; mais il s'arrêta
encore devant la porte de Segurola. La voix du

musicien, une voix de basse taille extraordinairement profonde chantait :

De profundis clamavi ad te, Domine.

Une autre voix, celle-ci rauque, déplorable, répondit :

Domine, exaudi vocem meam.

Jamais, dans une Église, le chantre le plus fantastique n'avait beuglé de façon aussi lamentable. Un prodigieux désappointement se peignit sur la figure de Jeoffrin. Segurola n'était donc pas seul ? Ma foi, tant pis ! Il frappa discrètement ; son appel ne fut point entendu. Cependant, le psaume, éclatant de nouveau, avait proclamé :

Fiant aures tuæ intendentes in vocem deprecationis meæ.

— Ah ça ! grogna Jeoffrin, est-ce qu'ils vont continuer longtemps cette facétie ?

Et au moment où le troisième verset se déployait, il appliqua un robuste coup de poing sur la porte. Cette fois, la musique cessa comme par enchantement, et un silence poignant envahit l'escalier.

— Qui est-là ? demanda le musicien.

— Moi, Jeoffrin.

La porte s'ouvrit.

— Comment vous? Entrez donc! A la bonne heure, vous êtes gentil, vous, au moins, vous n'avez pas craint de monter jusqu'à mon belvédère. Le locataire qui habitait ici avant moi s'est jeté par la fenêtre. Un joli saut de carpe, n'est-ce pas? Quand on l'a ramassé, il était en marmelade. Vous voyez, monsieur et moi nous faisions de la musique... A propos, si je vous présentais l'un à l'autre? monsieur Jeoffrin!... monsieur Cogolinatesco.

Jeoffrin s'inclina, Cogolinatesco étendu sur un divan ne daigna même pas se déranger. Il avait une cravate violette éblouissante.

— Ne faites pas attention, reprit Segurola, il est ivre. Personne n'a une plus belle voix que lui quand il n'est pas ivre, malheureusement, il l'est toujours. L'exil! vous savez, tout le monde ne se console pas de l'exil. En Valachie, pour un oui, pour un non, psst! les gendarmes vous mènent à la frontière. La famille de mon ami Cogolinatesco a régné, jadis; eh bien, il n'en est pas fier. Un bon garçon, allez! Il était fou d'une jeune princesse, sa parente. Tous deux s'adoraient; un beau jour, on force la jeune princesse à se marier; que fait Cogolinatesco?... Il tue le mari en duel, loyalement, et voilà pourquoi son gouvernement l'a exilé. Je vous demande un peu... Il est doux comme un mouton. — Quelle cravate! hein?

A-t-il une cravate ! Moi, je reconnais un Valaque à sa cravate.

Durant ces quelques détails, Jeoffrin considérait l'individu dont on lui parlait. De taille moyenne, très-brun, le nez busqué, possesseur d'une paire de longs favoris noirs, assez banal d'ailleurs, Cogolinatesco paraissait abruti.

— Dis donc, Cogo, lui conseilla le musicien, tu devrais tâcher de dormir. Vous permettez n'est-ce pas, monsieur Jeoffrin ?

— Certes !

Le valaque se dressa.

— Dormir ? balbutia-t-il, dormir ? je jure de ne plus dormir tant que je n'aurai pas appris l'extermination des Turcs. A bas les Turcs !

— Cause toujours, doux vieillard, tu m'instruis, déclama le musicien.

Puis, s'adressant à Jeoffrin :

— Depuis la guerre, c'est la cinquantième fois qu'il exhibe ce serment-là, et il n'en dort que mieux. Imaginez-vous.....

Jeoffrin l'interrompit :

— Pardon ! monsieur Segurola, mais je désirerais vous parler dans l'intimité. Pouvez-vous m'accorder quelques minutes ? Voulez-vous me permettre de vous offrir un bock, en bas, quelque part ?

Le Valaque entendit ce mot bock, et il retrouva

ses jambes. Alors, s'approchant de Jeoffrin, il lui dit, la bouche pâteuse, accentuant les r :

— Vous êtes Français ?... bons zigs les Français ! moi je suis Valaque. Donnez-moi une poignée de main. J'ai bu un peu, c'est vrai ! mais dans mon pays on a le cœur dans la tête. Tous patriotes ! nom de nom. Vive la France !... *De profundis clamavi.* Vous me plaisez ; j'irai vous voir. Tonnerre ! taillons-nous un bac ? Hein ? Je parie cent louis que les Turcs seront battus... Prince Cogolinatesco ! Je suis le prince Cogolinatesco. Taillons-nous un bac ?

— Voyons, il ne s'agit pas de jouer aux cartes. Va te coucher.

— Je ne suis pas Grec, moi ; je suis Valaque, moi.

— Bon ! fiche-nous la paix.

Et tandis que l'ivrogne gesticulait, Segurola entraîna Jeoffrin dans un coin de la chambre.

— Excusez-moi, lui dit-il, je ne puis quitter cet animal dans l'état où le voilà ; mais je vous écoute.

— J'ai un service à vous demander, un service très-sérieux.

Cogolinatesco leur cria :

— Vous me bêchez ; vous profitez de ce que je suis malade pour... pour... je m'en bats l'œil. On n'est pas si sot qu'on en a l'air.

9.

Segurola se fâcha :

— Tu nous embêtes à la fin, tais-toi.

Jeoffrin continua :

— Cela ne vous gênerait-il pas, si je vous empruntais une certaine somme ? Il me la faut absolument ; c'est pour moi une affaire de vie ou de mort. J'ai déjà pas mal couru aujourd'hui, mais ouitche ! autant vaudrait mendier qu'implorer. Alors, j'ai pensé à vous...

Segurola se préparait à répondre lorsqu'un tapage abominable retentit sur son piano. Cogolinatesco cherchait des distractions.

Le musicien se précipita vers lui.

— Écoute, si tu tiens à recevoir des soufflets, tu n'as qu'à continuer.

Le Valaque terrifié, penaud, recula jusqu'au divan sur lequel il se coucha comme un chien menacé.

Jeoffrin voulut s'interposer.

— Soyez sans inquiétudes, lui répondit Segurola, c'est ainsi que je le calme d'habitude.

Alors l'ancien horloger réitéra sa demande :

— Pouvez-vous me prêter de l'argent ?

Segurola ouvrit un des tiroirs de sa commode, en tira un billet de cinquante francs, et le tendit à Jeoffrin. Les yeux de celui-ci étincelèrent.

— Je possède cent francs, dit Segurola, permettez-moi de vous en offrir la moitié.

— Merci ! répondit Jeoffrin, je vous remercie, monsieur, mais vos cinquante francs ne me suffiraient pas.

Sa voix tremblait, il reprit :

— Que voulez-vous que je fasse avec vos cinquante francs ? C'est mille francs, dix mille francs, plus même que je vous demandais.

— Mille francs, je ne les ai jamais eus à la fois.

Jeoffrin d'un seul regard embrassa la chambre de Segurola. Elle était misérable. Le marbre de la cheminée supportait de la musique ; sur la commode une dizaine de partitions formaient une pile ; trois chaises, un piano, un lit en fer sans rideaux, une table bancale, un divan délabré, un pot à eau et une cuvette trainaient çà et là. Un morceau de la tapisserie maculé, déteint et rongé par l'humidité tombait de la muraille, en face de lui.

— Au revoir, dit Jeoffrin.

— Au revoir, je regrette bien de n'être pas plus riche.

Ils se serrèrent la main.

Sur le divan, le Valaque dormait les yeux fermés, la bouche ouverte ; sa cravate arrachait les yeux. Jeoffrin descendit l'escalier ; derrière son dos la musique recommença. Et machinalement, suivant la cadence que lui marquait le piano, comptant les marches, navré, déçu, il regagna sa voiture et s'y installa.

— Où allons-nous maintenant? lui demanda son cocher.

— A Issy, grande rue, au presbytère :

Le fiacre démarra. Et tandis que le cocher furieux d'aller si loin sacrait sur son siége et cinglait à grands coups de fouet la croupe anguleuse de sa rosse blanche, Jeoffrin se répétait : Allons! allons! du courage! tout n'est pas fini, parbleu! il ne s'agit pas de se désespérer. Ce soir, demain peut-être, je recevrai une réponse du ministère; somme toute, j'ai mon brevet d'invention. Du courage! Avec vingt mille francs seulement on va loin, et la porte de tes amis en restant sourde ne t'a pas encore donné le droit de te plaindre. Personne ne se doute de ta situation précaire; tous les moyens d'emprunt sont bons, quand on est sûr de rendre. L'abbé Roche ne te refusera pas trois mille francs, Poupelart non plus. Du courage!

Le fiacre roulait lourdement.

— Plus vite! plus vite! cocher, cria Jeoffrin.

A sa gauche, la grille du Luxembourg semblait fuir, comme prise de vertige; à sa droite, les maisons se suivaient avec leurs portes ouvertes, leurs boutiques diversement peintes, leurs étalages dont il ne saisissait que la disparité, avec leur façades uniformes et grises. Et sa main jouait fiévreusement à pétrir la pomme de sa canne.

Maintenant il se reprochait les recherches qu'il avait faites avant de s'occuper des aérostats, et il les considérait comme indignes de son passé. De l'argent! de l'argent! qui donc lui apporterait de l'argent! Et soudain, l'avenir dangereux lui apparut tout hérissé de difficultés, aussi épouvantable qu'il avait essayé de se le montrer rieur, une minute auparavant. Alors, il se raidit contre les impressions qui l'envahissaient, mais il ne put dompter le désespoir. Celui-ci l'empoigna traîtreusement, comme l'eût fait une lame géante, et Jeoffrin ne fut rendu à la réalité qu'après avoir été ballotté, secoué, traîné, meurtri, brisé, qu'après avoir crié : de l'argent! avec un râle aussi pénible que celui de l'homme qui crie une dernière fois : au secours! avant de se noyer. Oh! pourquoi ne possédait-il plus cette fortune des jours écoulés, cette fortune qu'il avait dissipée presque sans la peser joyeusement, presque sans l'avoir mesurée du regard? A quel grand seigneur ami des sciences pourrait-il bien s'adresser, afin de lui demander secours et protection! Les grands seigneurs n'existent plus. En qui devait-il espérer? Il parcourut le cercle de ses vieilles connaissances, des gens qu'il avait fréquentés jadis, à l'époque où il était commerçant; mais bast! ce fut à peine s'il plaça quelques noms sur quelques visages; d'ailleurs où les rencontrer! quelles garanties leur donner, car il leur faudrait des garanties. Sans garanties, pas d'emprunts possibles. La maison qu'il habitait aux Moulineaux ne lui appartenait seulement point.

Sacré nom de Dieu! il n'avait plus qu'à s'adresser au premier venu, à son épicier, à son fabricant de chemises, pourquoi pas à ce cocher dont il entrevoyait devant lui à travers les vitres tremblantes, les reins et le derrière énorme, un derrière de bureaucrate. Ah! ah! dérision! Oui, en vue de quelle économie mal entendue n'avait-il pas acheté la maison des Moulineaux, au lieu de la louer. Barbelet lui avait pourtant conseillé cet achat, Barbelet! ce gredin! cet avare! en voilà un qui s'était moqué de lui! Heureusement, l'abbé Roche et Poupelart lui restaient, deux vrais camarades ceux-là, deux hommes de cœur qui sauraient se souvenir de la manière dont il les avait reçus chez lui.... Était-elle longue cette rue de Vaugirard!... En effet, Poupelart devait être en fonds; ne lui avait-on pas édité un volume au commencement du dernier mois? N'avait-il pas annoncé, un peu partout, qu'il toucherait une forte somme, le jour où les *Clameurs* se pavaneraient à toutes les devantures des librairies. Sauvé! je suis sauvé ! murmura-t-il.

Le fiacre avançait avec une lenteur telle, que Jeoffrin impatienté interpella son cocher. Celui-ci tranquille, la face bourgeonnée, pleine de bube-lettes, entourée d'un large collier de barbe grise pareille à celle d'un vieux bouc, sommeillait sous on chapeau de toile cirée.

— Dites donc, cocher, je ne vous ai pas pris pour que vous vous fichiez de moi.

Le cocher ouvrit les yeux, lança un regard indifférent à Jeoffrin, au ciel, à la rue, à l'être famélique qui lui servait de cheval, et répondit :

— Monsieur, je suis doyen des cochers, franc-maçon, républicain, et ce n'est pas encore vous qui m'apprendrez à travailler.

— Voyons, plus vite ! et vous aurez un beau pourboire.

— Ça, c'est parler.

Un formidable coup de fouet tourbillonna au-dessus du fiacre.

Sur les trottoirs des gens marchaient, les uns graves, lents; les autres affairés, rapides, l'air ennuyé. Les cabarets manquaient de monde ; seuls quelques ouvriers retardataires fumaient leur pipe en sirotant un petit noir. On les entrevoyait paresseusement accoudés derrière les vitrines à rideaux sales. Des chiens, la langue pendante, erraient çà et là, ne se dérangeant point pour les passants, filant au milieu des voitures cahotées. De temps en temps, un sergent de ville apparaissait, très-froid dans sa tunique. Un des côtés de la rue s'étendait solitaire, encombré de soleil, tandis que l'autre s'allongeait populeux, tiède, embarrassé, turbulent à l'ombre des maisons. Un équipage surmonté par une paire de laquais gras et poudrés, traîné par deux magnifiques chevaux bais attelés dans des harnais splendides, dépassa Jeoffrin, et celui-ci eut le temps d'apercevoir une jeune femme enfouie dans un capitonnage vert comme une rose dans ses feuilles, d'envelopper de haine cette richesse qu'à cette heure il enviait. La pharmacie de son futur gendre se dressant bientôt près de lui, il résolut de s'y arrêter, de s'adresser aussi à Octave Blaisot; il porta donc la main au bouton de la sonnerie installée au plafond du fiacre, mais un vieux reste de délicatesse, dont il ne se rendit pas compte, l'empêcha de mettre son projet à exécution. A la suite de cet incident intime, il devint superstitieux. Sous ses pieds, un tapis à bouquets fanés achevait de s'user; alors, pendant plus d'un quart d'heure, Jeoffrin laissa tomber négligemment la pointe de sa canne tantôt sur une fleur, tantôt sur une autre fleur, abandonnant au hasard le soin de frapper le but désigné, se répétant : Si ma canne touche le bouquet à tel endroit, c'est que j'aurai de l'argent. Cet exercice finit par l'intéresser au point que ses inquiétudes le quittèrent, et que la perception exacte des choses lui échappa. Sa canne se levait, puis retombait avec un choc sourd, et la figure de l'ancien horloger trahissait un plaisir ou une déception.

Soudain, le fiacre s'arrêta. Jeoffrin leva la tête ; il reconnut le presbytère d'Issy. Déjà ? Le cœur lui battit violemment. Il murmura : Trois mille francs ! je lui demanderai trois mille francs. Soyons raisonnable. Mais il s'arrêta ; un de ces accès de joie dont la vie d'un homme est si peu prodigue venait de s'abattre sur son esprit. Et moi qui oubliais les cinquante mille francs de Michelle ! pensa-t-il. Il rayonna. Son bonheur fut si intense qu'un hoquet le prit, un hoquet qui s'échappait avec bruit. Lui ne s'en aperçut même pas. Il tira un louis de sa poche et le tendit à son cocher.

— Pour vous, dit-il, gardez tout, gardez tout.

Le doyen des petites voitures étonné balbutia d'une voix de rogomme :

— Merci ! bourgeois.

Et il s'éloigna l'œil aimable.

Pour la première fois de sa vie, Jeoffrin sentit grouiller en lui quelque chose de vaguement semblable à un amour paternel à l'égard de cette Michelle, sa fille, qu'il espéra dépouiller avec une facilité sans égale, par la raison du plus fort, du plus malin, par la raison qu'elle lui avait toujours obéi sans récrimination et sans révolte. Ne les lui devait-elle pas ces cinquante mille francs, puisqu'il l'avait engendrée ? Allons ! allons ! enfin ! il était tranquille. Mais n'importe ! l'abbé Roche et Poupelart serviraient à lui arrondir la somme ; l'argent ne nuit jamais ; les expériences préliminaires l'entraîneraient peut-être plus loin qu'il ne l'avait pensé ; il ne fallait négliger aucune précaution. Comment diable ! cet argent-là ne lui avait-il pas sauté aux yeux plus tôt ? Ah ! la réussite ! il la tenait. En avant donc ! Il sonna. L'abbé Roche vint lui ouvrir.

— Enchanté de vous voir, monsieur Jeoffrin. Vous me trouvez dans la désolation. Vos enfants se portent bien ?

— Très-bien, je vous remercie.

— Tant mieux ! tant mieux ! Prenez donc la peine de me suivre dans mon oratoire ; j'ai une foule d'histoires a vous raconter ; j'ai même un conseil à vous demander. Vous avez le hoquet ?

Ils entrèrent dans une chambre haute de plafond, très blanche, meublée avec quelques chaises de paille et un crucifix doré, appliqué au milieu d'un cadre en chêne, sur un fond de velours rouge. L'abbé Roche paraissait excessivement petit dans cette chambre.

— Asseyèz-vous donc, dit-il.

Jeoffrin s'assit, attendant une occasion favorable pour faire sa demande. L'abbé soupira :

— Ah ! je suis bien éprouvé, monsieur Jeoffrin, bien éprouvé...

— Seriez-vous souffrant ?

— Hélas ! non.

— Les habitants d'Issy ne vont plus à la messe ?

— Pardon !

— Votre gouvernante vous a quitté ?

— Plut à Dieu !

— Votre suisse a bu ses épaulettes ?

— Vous n'y êtes pas, monsieur Jeoffrin, vous n'y êtes pas.

— Auriez-vous, par hasard, manqué à vos vœux ?

— Oh !... non, non.

— Hé ! sapristi, dans ce cas, rien de perdu !

— En me chargeant de l'éducation de monsieur Guy de Lassalle, j'ai endossé une lourde responsabilité, n'est-ce pas ? monsieur Jeoffrin.

— Dame !

— Vous ne vous doutez pas de la vie que je mène depuis huit jours. Seigneur ! j'en attraperai une jaunisse. Mon existence était si réglée, si tranquille autrefois. Ah ! mon cher monsieur Jeoffrin, il m'est permis de dire avec le prophète Jérémie :

« Je suis un homme qui vois ma pauvreté et mon affliction, Dieu me les fait sentir par les verges de sa colère. » Oui, j'ai peur de mon élève, moi qui ai des cheveux blancs; la seule présence de ce garçon m'enlève toutes mes facultés. Il sait tout, il cause de tout, il a tout lu, même les mauvais livres, les livres condamnés. Ce n'est pas moi qui suis son précepteur, mon cher monsieur, c'est lui qui a entrepris mon éducation. Je n'ose plus lui adresser aucune observation, tant ses airs narquois me suffoquent aussitôt que j'ouvre la bouche; ses yeux me transpercent; il ne m'accorde plus le droit de lui parler sérieusement, il méprise mes paroles, il ne respecte pas mon habit. Avant-hier, mon cher monsieur Jeoffrin, avant-hier, il m'a mis une brosse entre les mains et m'a prié de lui enlever une tache qu'il avait sur l'épaule, et je l'ai brossé! comme si j'étais son domestique, et il a eu le front de prétendre qu'il me trouvait beau dans cet emploi.

— Diable! fit Jeoffrin.

— Vous avez raison, continua l'abbé, c'est le diable, un vrai diable. Il fume depuis le matin jusqu'au soir, à mon nez, dans sa chambre, dans la mienne, pendant nos leçons, partout. Vous prisez, l'abbé, donc je fumerai, m'a-t-il répondu, le jour où je lui ai fait remarquer que je désirais ne plus le voir ainsi continuellement me souffler du tabac au visage. Tenez! encore un exemple de son impertinence : il raconte à qui veut l'entendre que je prêche comme un navet, comme un navet! tel est le terme exact de comparaison dont il se sert. Soit! je prêche mal, j'en conviens, mais on a beau être humble, mon cher monsieur, on a beau ne pas se croire un Massillon ni un Bourdaloue, on n'en possède pas moins pour cela une faible dose d'amour-propre. La nature humaine est ainsi faite. Désormais, comment voulez-vous que je prêche, le dimanche, quand il sera là, devant moi, en face de ma chaire, à la place que je lui ai assignée dans l'église? Que pensera mon troupeau assemblé, lorsqu'il me verra timide et sans énergie, lui à qui la petitesse de ma taille en impose déjà si peu. Miséricorde! monsieur de Lassalle père ne me pardonnera jamais l'honnête réponse que je lui ferai, le jour où je lui rendrai son fils refusé au baccalauréat, car, sous l'absurde prétexte que les langues mortes n'ont aucun besoin d'être ressuscitées, mon élève ne veut apprendre ni le grec ni le latin.

— Tiens! tiens! voyez-vous ça! dit Jeoffrin.

En face de lui, sur la vitre d'une mauvaise gravure qui représentait l'adoration des mages, quelques rayons solaires batifolaient.

L'abbé reprit :

— Ce n'est pas tout! ce n'est pas tout! mon cher

monsieur Jeoffrin. Si mes plaintes se bornaient à celles que je viens de vous exprimer ! Ah ! Seigneur !... mais voilà : mon élève a disparu depuis hier matin.... Il rentrera, n'est-ce pas ? oh ! ce n'est pas son retour qui m'inquiète le plus, c'est la façon dont il aura passé son temps, ainsi livré à lui-même, à un âge où, d'ordinaire, les jeunes gens ont tout à craindre dans ce Paris, dans cet infâme Paris hérissé de piéges.... et de mauvaises rencontres. Je ne suis pas seulement son précepteur, je suis encore son directeur spirituel... oui, monsieur Jeoffrin, son directeur spirituel ! Où cet enfant a-t-il pu coucher la nuit dernière ?

— Est-ce que je sais, moi ?... dans sa famille ? à l'hôtel, peut-être ?

L'abbé Roche fit un geste de dénégation.

— Non, continua-t-il, non ! monsieur Guy n'est déjà plus assez vertueux pour se montrer raisonnable. Non ! il a compté sur ma faiblesse, il a osé espérer que je n'informerais pas son respectable père d'une équipée aussi saugrenue que coupable ; mais cette fois, tant pis ! je sévirai.

— Pourquoi ne rendez-vous point ce garçon à ses parents ?

— Hélas !. impossible ! mon cher monsieur, impossible ! mais si j'accomplissais un pareil acte de vigueur, monsieur de Lassalle père, envers qui j'ai contracté tant d'obligations, ne voudrait plus entendre parler de moi; mais madame la comtesse de Lassalle m'a promis une chasuble neuve! une bannière!... le renouvellement de mon linge d'église! Et je mettrais son fils à la porte de mon presbytère! Y pensez-vous?

— Je pense que tu es un vieux singe, parfois malin, songea Jeoffrin.

— Ah! fit l'abbé Roche, encore une expression de mon élève qui me revient! Quand il trouve une chose à son goût, il ne dit plus : elle est jolie! elle est belle! il dit : elle est gommeuse! Bref, je ne sais plus comment le dompter.

— Encore une fois, renvoyez-le à sa famille.

— Non.

— Alors, supportez-le.

Ils se turent. L'abbé Roche se grattait le nez. Jeoffrin cherchait une transition convenable pour en arriver à sa demande d'argent; mais bientôt, ne trouvant rien, tant les lamentations du petit curé d'Issy l'avaient éloigné de son but, réfléchissant d'ailleurs qu'il était inutile d'employer des moyens extraordinaires avec ce pauvre abbé dont la cervelle n'était pas plus solide que les reins, il s'écria tout à coup :

— A propos, mon cher ami, n'auriez-vous point, par hasard, trois mille francs à me prêter?

— Trois mille francs!

— Oui ; je vous les rendrai dans une quinzaine de jours. Mon notaire habite rue de Richelieu, je n'ai pas le temps d'aller le voir aujourd'hui.

— Mais, mon excellent monsieur, où voulez-vous que je les prenne ces trois mille francs ?

— Je ne sais pas, moi, où vous voudrez !

Alors Jeoffrin pensa : Oh ! tu peux me les refuser, va ! je te permets de ne pas les avoir. Si tu savais comme je me moque de tes trois mille francs ! j'en ai cinquante mille qui m'attendent chez moi. Néanmoins, je ne t'inviterai plus à dîner.

L'abbé Roche reprit :

— Mes pauvres se plaignent de moi ; mon traitement me suffit à peine ; je n'ai pas une paire de bas qui ne soit raccommodée ;.... ma meilleure soutane date de deux ans ; quand il pleut mes souliers s'emplissent d'eau. La misère de Job n'était pas une misère à côté de la mienne. Enfin ! Dieu nous a commandé la résignation, sachons nous résigner.

—Attends, va ! mon gaillard, se disait Jeoffrin, continue à vider ton sac ; je te ménage un joli caillou, et il lui demanda :

— Vous n'avez donc pas un tronc pour les âmes du purgatoire dans votre église ?

— Mais si, répondit l'abbé, seulement je n'ai pas le droit d'y toucher. L'argent des âmes ne nous appartient pas.

L'ancien horloger se mit à rire sournoisement. Et comme l'abbé Roche ne comprenait pas le sens de ce rire transversal, Jeoffrin se leva :

— Au revoir ! dit-il, allons ! ne prenez pas un air malheureux, on ne vous en veut point. J'en serai quitte pour déranger mon notaire. Cependant, si avant demain matin, quelque dévote richissime vous faisait un cadeau sérieux, prévenez-moi. Je me suis laissé compter que vous aviez un tas de dévotes dans votre manche. Bref ! on s'arrange comme on peut, n'est-ce pas ? l'homme propose et Dieu dispose. Au revoir.

Et Jeoffrin se dirigeait vers la porte, en lissant sa courte barbe sale, lorsqu'une clameur continuée presque aussitôt par une seconde clameur éclata dans la rue. Elles furent immédiatement suivies de cris, d'un vacarme de pieds sur les pavés, et du tapage d'une bousculade effroyable.

— Tiens ! fit l'abbé Roche étonné, que signifie ce grabuge ?

— Tiens ! Tiens ! répondit Jeoffrin.

Tous deux allèrent ouvrir une des fenêtres.

— *Bone Deus* ! murmura le petit prêtre, et il devint tout rouge.

Devant le presbytère, au beau milieu de la rue, Guy de Lassalle accompagné d'un gros jeune homme orné de moustaches et de longs favoris blonds, s'amusait à lancer des sous à une bande de polissons dont le plus âgé n'avait pas treize ans. Tout ce petit monde en guenilles, échauffé par le plaisir et par l'espoir, les uns gras, les autres maigres, celui-ci reniflant de merveilleuses chandelles, celui-là sa chemise au vent, crasseux, ébouriffé, quelques-uns hauts comme des bottes, dansait, sautait, s'allongeait des giffles, grimaçait à qui mieux mieux.

— Silence! cria Guy..... Cette fois, je lance deux sous, attention!

Les gamins poussèrent un hurlement. Il y eut un gosse coiffé d'une vieille calotte de zouave et enfoui dans une immense redingote déchiquetée qui se crut obligé de se livrer à un cancan désordonné.

Contre le presbytère, sous la fenêtre d'où Jeoffrin et l'abbé Roche assistaient à la scène, une longue touffe d'orties, d'un joli vert sur les pierres grises, avait grandi là, tranquille.

— Attention! répéta Guy. Une,... deux,... trois!

Et il jeta les deux sous dans la touffe.

Les gamins se précipitèrent. Le combat fut terrible. Malheur aux plus faibles! Les coups de coudes, les coups de poings tombaient drus comme grêle. On échangea des crocs en jambes. Soudain, on n'aperçut plus qu'une masse informe de pieds qui s'agitaient, de fesses qui roulaient, d'épaules qui se faufilaient. Cela ressemblait à un nid de cloportes. Le gros jeune homme se tordait ; Guy battait des mains. Au bout de quelques minutes, le tas de bambins s'écroula, chacun retrouva son aplomb ; et le gosse à calotte de zouave recommença son cancan. Il s'était placé la pièce de deux sous devant l'œil droit, en guise de monocle, et à l'exemple d'un canaque de la Nouvelle-Calédonie, il exécutait la danse du triomphe.

Et quand, tout-à-coup, l'abbé Roche qui suffoquait de colère eut fini par crier :

— Monsieur Guy, rentrez, je vous ordonne de rentrer sur-le-champ.....

Les habitants de la grande rue d'Issy, les passants, les charretiers, et beaucoup d'autres encore eurent l'inénarrable vision d'une ribambelle de moutards piteux qui défila en se grattant avec fureur.

Les orties s'étaient vengées à leur manière.

Une fois Guy et son compagnon dans le presbytère, l'abbé Roche encouragé par la présence de Jeoffrin apostropha de nouveau son élève :

— D'où venez-vous ? Qui vous a permis de vous jouer de moi ? Vous serez le déshonneur de votre famille. Je vous défends d'amasser les enfants du village pour les faire se piquer aussi méchamment. Je ne suis ni un vulgaire maître d'études, ni un pantin, ne l'oubliez jamais, monsieur. D'où venez-vous ?

Guy haussa les épaules.

— Je vous répondrai quand vous serez moins furieux, dit-il. A mon avis, le plus beau précepte de la religion catholique est celui qui commande de ne se point mettre en colère.

Le petit curé interloqué ne baissa pas les yeux, mais il balbutia sur un ton de voix plus doux, après avoir désigné l'ami de son élève :

— Quel est ce monsieur ? Je n'ai pas l'honneur de le connaître.

Guy le présenta :

— Monsieur de Lestorgeais, ancien élève des jésuites.

— Et ancien président de congrégation, ajouta le gros jeune homme blond.

— Je l'ai invité à dîner avec nous pour ce soir, reprit Guy.

L'abbé Roche vaincu s'inclina. Voilà que Guy avait l'aplomb de lui amener un camarade à dîner ! Sainte Vierge ! et il écouta, sans sourciller, le gros jeune homme qui lui disait :

— Monsieur l'abbé, je vous prie d'excuser Guy s'il vous a fait faux bond hier, mais moi seul suis coupable. Il a si peu de distractions que j'ai voulu le conduire aux courses de Longchamps.

— Quel est le cheval qui a gagné le grand prix ? demanda Jeoffrin.

— Saint-Lucas, fils de Neptune et de Joliette.

— Hélas! pensa l'abbé Roche, dans quel siècle suis-je réduit à vivre! Où l'impiété s'arrêtera-t-elle! On a donné à un cheval le nom d'un saint.

Mais Jeoffrin lui disait :

— Cette fois, l'abbé, au revoir pour tout de bon. — Au revoir, messieurs.

— Au revoir.

Et l'ancien horloger s'en alla, heureux du visage consterné du curé d'Issy, fort satisfait de ce que cet homme qui n'avait pas eu d'argent à lui prêter se trouvât empêtré dans une paire de garnements sans vergogne.

Or, tandis qu'il prenait le chemin des Moulineaux, mille pensées lui fourmillaient dans la tête. Rencontrerait-il Poupelart au moins? Oh! oh! l'abbé Roche! ces curés! quels pingres! quelle clique! Pouvait-on se choisir des amis là-dedans! Sapristi! on ne le repincerait plus, lui Jeoffrin, à vouloir leur emprunter quelque chose... Pas seulement trois mille francs! une bagatelle! Hein? une fameuse poire pour la soif que les cinquante mille francs de sa fille! de sa fille qui ne pouvait rien lui refuser. Il venait de parer une belle tuile tout de même!... A la bonne heure, il comprenait les avantages de la paternité maintenant! Oui, un homme devait avoir des enfants! sans enfants, pas de consolations possibles!

Au sommet d'une maison, sur le crépi blanc

d'un mur, Jeoffrin lut : Salomon, blanchisseur, spécialité pour le linge d'église. Cette réclame l'amusa. Ces juifs! comprenaient-ils assez le commerce! Étaient-ils assez malins! Tous riches, les juifs! une vraie race celle-là, intelligente et travailleuse!

Dans son esprit presque mis en ébriété par la perspective de l'argent à venir, tout se dessinait avec des formes plaisantes : les petites maisons faubouriennes rabougries et pisseuses, leurs murailles moussues, leurs maigres acacias dont le feuillage retombe en grappes sur la rue, leurs pots étiques de fleurs poitrinaires, leur tristesse qui grimpe de leur seuil défoncé à leurs gouttières en mauvais état, leur linge qui sèche, leur tranquillité puante... Ce brave Poupelart! cette excellente madame Poupelart! et leurs enfants donc! bien gentils mais bien embêtants.

A cette heure, le parc d'Issy bruissait sous un ciel de nuages et de soleil, avec son château en ruines séparé de la route par un mur bas aux deux tiers fondu, sur lequel s'étalait en lettres gigantesques et mal faites, comme si quelque ivrogne les avait vomies là, cette inscription : terrains à vendre; facilité de paiement. Et Jeoffrin pensa : Oui, j'achèterai cette propriété, plus tard... Les fondations du château doivent être encore solides, on ne les estimera pas; j'aurai les terres pour pas grand'chose... le parc me fournira plus de bois que je ne pourrai en brûler... tiens! mais... voici une affaire faisable!... Une minute après, il se voyait le ruban de la légion d'honneur à la boutonnière, envié, salué, prôné, de l'Académie, châtelain, riche à millions, passant au grand trot d'un magnifique cheval, dans un coupé fastueusement sévère. Ah! ses filles! il n'y pensait guère à présent; il ne les associait guère à son succès futur. L'air était chaud, et il marchait tout d'une pièce, étincelant de joie, d'égoïsme, d'orgueil. L'univers ne lui appartenait-il pas? la plaine ne fleurissait-elle pas pour lui? le soleil ne luisait-il point à son intention? le ciel! oui! le ciel surtout! n'était-il pas sa conquête? On est stupide parfois, on se désole, on se croit perdu, et on n'avait qu'à frapper la terre du pied pour en faire jaillir un trésor, qu'à fouiller dans une poche pour y froisser des billets de banque oubliés. Foin du désespoir! L'industrie, l'intelligence et le travail, s'ils sont persévérants et placides, prennent d'assaut les récompenses. Allons donc! se moquaient-ils du monde, les gens à éternelles plaintes, les impuissants, les timorés!... Un tas de rabâcheurs! Ne sont malheureux que les gens qui veulent du malheur.

Une voix lamentable, celle d'un vieux pauvre tout ratatiné interrompit les réflexions de Jeoffrin.

Elle criait au milieu du chemin solitaire: la charité, s'il vous plait, mon bon monsieur. L'ancien horloger la dédaigna d'abord, mais comme elle se mit à le poursuivre, à se traîner derrière lui, tragique, affamée, il se retourna, prit une pièce de quarante sous dans son gousset et la donna au mendiant.

Celui-ci le remercia par un chapelet de bénédictions.

Cet acte de générosité rendit Jeoffrin très-fier de lui-même, et il continua sa route. Mille bêtises lui traversaient la tête. Il avait envie de courir, tant il se sentait robuste et léger, tandis que le soleil lui chauffait le dos, pénétrait dans une de ses poches jusqu'à son mouchoir, et ressemblait à un grand œil d'or au centre d'un lambeau d'azur que des montagnes vaporeuses et flamboyantes encadraient. Au loin, la Seine descendait, charriant des blocs de lumière. Ça et là, des moineaux picoraient sur des tas de crottins. A la suite d'une file d'arbres tranquilles, les toits d'un faubourg de Paris scintillaient, très-calmes. De distance en distance, les poteaux télégraphiques résonnaient doucement.

Jeoffrin entra dans le village des Moulineaux. Cinquante mille francs! ah! il allait donc les palper ces bienheureuses cinquante mille balles après lesquelles il geignait depuis plusieurs jours! Il lui parut que depuis longtemps il avait faim, et qu'il humait le fumet d'un plat délicieux prêt à lui être servi. Alors il prononça tout haut le nom de sa fille : Michelle! Somme toute, en y réfléchissant bien, il avait eu tort de se plaindre à l'époque où cette enfant-là lui était venue, si bonne, si malléable, une vraie bête à bon Dieu créée pour l'enorgueillissement de la paternité. Deux pareils mots dans sa pensée lui plurent, et un petit rire satisfait qu'il décocha lui fit glisser un frisson le long de l'échine. Tiens! mais... lorsqu'il aurait lancé sa découverte aérostatique, qui donc l'empêcherait de se mettre de nouveau à la recherche du diamant?... Pourquoi pas?... Jadis n'avait-il pas failli trouver la chose, grâce au hasard? Tiens! tiens! mais pour un ancien horloger, pour un ancien pauvre bonhomme d'horloger, deux découvertes de cette importance ne seraient pas déjà si nulles!...

— Bonjour m'sieur Jeoffrin, lui cria d'un trottoir une espèce d'ouvrier, paysan crasseux, l'œil bonasse, le chef agrémenté d'un chapeau de paille, la bedaine couverte d'un tablier bleu.

Jeoffrin leva les yeux vers l'intrus qui venait ainsi de l'arracher à ses pensées.

— Ah! c'est vous, fit-il, bonjour Nicolas.

— Quoi de neuf, m'sieur Jeoffrin? demanda l'homme en s'approchant.

— Rien.

— Vos demoiselles vont bien?

— Oui, merci. Et chez vous?

— Pas mal; mon pus jeune a la teigne. — Vous n'avez pas besoin de moi pour vot' jardin?

— Non.

— Tant pis, m'sieur Jeoffrin, tant pis. Un joli temps de promenade, hein?

— Mais oui.

— Si, au moins, ça pouvait durer.

— Ça durera peut-être.

— C'est à souhaiter. Beaucoup de fruits cette année-ici, m'sieur Jeoffrin, beaucoup de fruits! La vigne promet.

— Allons, tant mieux! pensa Jeoffrin.

— J'ai bien peur qu'il ne tombe de l'eau demain. Ça ferait du tort aux blés, mais les lins profiteraient. Est-ce que vous aimez la pluie, vous, m'sieur?

— Cou-ci, cou-ça, il en faut.

— Pas trop cependant.

— Non, pas trop, mais il en faut.

— Ça, c'est vrai!

Ils restèrent sans se parler pendant quelques secondes; mais bientôt, au moment où ils passaient côte à côte entre deux fabriques de blanc d'Espagne, contre des fours à chaux qui bâillaient, ouvrant une rangée de gueules sombres, chacune sous une chevelure d'herbes chétives et poudrées, Jeoffrin impatienté demanda :

— Vous allez loin?

— Non, tout auprès d'chez vous.

Il fallait se résigner. Nicolas reprit :

— J'vas tailler les ifs des d'moiselles Thiry. — A propos de d'moiselles, m'sieur Jeoffrin, sans indiscrétion, sauf l'respect que j'vous dois, comment se fait-y qu'les vôtres ne se marient point?

— Mais, je vais en marier une.

— La brune?

— Non, la blonde.

— Bah!

— Ça vous étonne?

— Moi, point? — Décidément, j'crois qu'y pleuvra demain.

— Si nous marchions un peu plus vite?

— Vous êtes pressé?

Jeoffrin entrevit une lueur d'espoir, mais le jardinier souffla dessus.

— Comme vous voudrez! continua-t-il. Marcher vite ou marcher lentement, c'est quif-quif, pas vrai?

Puis, désignant un roquet noir sans queue qui fouillait un tas d'ordures, il ajouta :

— Vous voyez ben ce roquet-là?

— Oui.

— Eh ben, il est pus vieux que vous, et pis que

moi. Sans vous commander, quel âge est-ce que vous avez?

— Cinquante ans.

— Alors, c'est pus vieux que moi seulement qu'il est, et pus amoureux aussi, j'en réponds. Ah! bougrrre! Je l'ai vu se tortiller après ma chienne, l'autre jour, fallait l'voir!... Et dire que le père Vrignault qui est grand-père d'plusieurs enfants, et pus vieux que ce chien-là, m'sieur, et pus vieux que vous encore, y court la fillette, si ça n'est pas pus indigne que l'indignité. — Avec qui qu'elle se marie, votre fille?

— Avec monsieur Blaisot, un pharmacien.

— Un petit rouge, est-ce pas?

— Non, un gros brun.

— Tiens! je m'figurais qu'c'était un petit rouge. Enfin! qu'il soit rouge ou brun, c'est quif-quif. Un homme, c'est toujours un homme, est-ce pas? Hé! hé!... J'vas leur tailler leur if en forme de coq à ces d'moiselles Thiry, des lésineuses! m'sieur Jeoffrin. Imagez-vous que j'voulais une pièc trois francs pour mon travail, et qu'elles n'ont jamais voulu me la donner. Qué malheur! j'vous demande un peu... des femmes qui sont si à leur aise!

— Ne m'en parlez pas. — Bonjour, Nicolas.

Jeoffrin venait de s'élancer vers la sonnette d'Aristide.

— Au revoir, m'sieur Jeoffrin. Ben des choses chez vous, cria derrière lui le jardinier.

Ce fut madame Poupelart qui reçut l'ancien horloger. Elle était en caraco et en jupon blancs, à cause de la chaleur.

— Enchanté de vous voir, madame. Votre mari est là ?

— Certainement. Il travaille, là-haut, dans son cabinet. Excusez mon costume.

— Mais comment donc !...

— Vous permettez que je continue à surveiller mes gueux d'enfants ?

— Parbleu ! fit Jeoffrin, satisfait du tête-à-tête qu'on lui ménageait avec le poète.

Celui-ci penché sur la cage de l'escalier demanda d'une voix forte :

— Est-ce vous, Jeoffrin ?

— Oui.

— Hé! montez donc, mon cher, montez donc. J'avais reconnu votre coup de sonnette.

Et quand les deux hommes se furent rejoints, ils échangèrent une cordiale poignée de main.

— Tiens! dit Jeoffrin, vous avez quelque chose de changé.

— Oui, ma jambe de bois ; je lui ai restitué sa couleur primitive. Fallait-il que je fusse assez niais pour l'avoir peinturlurée! mais, que voulez-vous! Je suis pétri de faiblesses. Chacun d'ailleurs a, dans son bissac, un lot d'antiques bêtises dont il n'est pas facile de se débarrasser. Tenez ! avant-hier, chez mon éditeur, si je n'avais pas rencontré quelques jeunes gens gouailleurs, des romantiques ! oui, des gaillards dont les œuvres ne marchent que sur des échalas tricolores, eh bien, je me promènerais encore avec mon ridicule. — Donnez-vous donc la peine d'entrer.

Ils pénétrèrent dans le cabinet de Poupelart, un petit cabinet plein de joyeuse humeur, tout tapissé de livres et d'esquisses, sur la cheminée duquel se bousculait, avec force grimaces, une foule de statuettes japonaises. Devant la fenêtre, une acanthe étalait ses larges feuilles d'émeraude au-dessus d'une corbeille en cuivre rouge. Un divan recouvert d'un tapis tunisien reposait entre deux bibliothèques, contre une longue table en bois noirci.

Aristide avait allumé une pipe, puis s'était installé à califourchon sur une chaise ; et là, le menton un peu levé, l'œil bon, très-content de lui-même, de ce qui l'entourait, de la visite de Jeoffrin, faisant plaisir à voir dans son veston brun, la bouche arrondie, il envoyait de longues bouffées de fumée blanche vers son plafond.

Tout-à-coup, comme s'il cédait à une pensée

en train de le tourmenter depuis un instant, il s'écria :

— Je nage dans la jubilation.

— Pourrait-on savoir pourquoi? demanda Jeoffrin dont la figure s'épanouit; car les heureux dénouent assez facilement les cordons de leur bourse.

— Mon livre a du succès.

— Ah! ah! se dit Jeoffrin, voici un homme qui m'a l'air de prendre le chemin où je voulais le conduire.

Poupelart continua :

— La première édition des *Clameurs* a filé en trois jours, la deuxième en une semaine; la troisième.... disparaîtra comme les précédentes.

— Je vous le souhaite; personne plus que vous ne mérite de réussir.

Aristide se pencha sur sa table.

— Tenez! reprit-il en attirant à lui un paquet de lettres aplati sous un presse-papier, devinez ce que c'est que ça ?

— Ma foi,... je l'ignore.

— Eh bien, mon cher, ce tas de manuscrits vous représente... des félicitations.

— Mâtin !

— J'ai bien reçu quelques chiffons maculés d'insultes anonymes; mais je ne les ai pas conservés. Ils appartenaient de droit à mes lieux d'aisance.

— Il faut rendre à César...

— Parfaitement! ce qui appartient à César... Nous nous comprenons. — Mais, ajouta-t-il, à présent, et comme la plupart du temps, la vie n'est qu'une alternative de déboires et de compensations, permettez-moi de vous exhiber quelques compensations.

— Ah! ah! voyons ça, dit Jeoffrin.

Artisde feuilleta son paquet de lettres.

— Je passe les premières, parce qu'elles sont amicales, sans aucune autre importance; mais, continua-t-il, le regard brillant, sa moustache rousse un peu en désordre, mais... en voici qui ont leur valeur. Tenez!

Il tendit une lettre à Jeoffrin. Au bout d'un instant, celui-ci la lui rendit :

— Très-flatteuse! elle est très-flatteuse! proclama-t-il.

— Avez-vous lu la signature?

— Oui.

— Eh bien?

— Vous avez de la chance. Celui-là n'écrit pas à tout le monde.

Maintenant, continua Poupelart, en voici une de Sarcey; vous allez m'en dire des nouvelles... On émeut la critique ou on ne l'émeut pas. Moi, j'ai ému la critique... Y êtes-vous ? j'espère que vous viendrez me voir pour causer avec moi. C'est écrit !... La lettre n'est pas longue, mais elle m'a comblé d'aise.

— A la bonne heure ! je suis ravi de ce qui vous arrive, Poupelart, je suis ravi.

— Et moi donc ! — Attention ! je vais mettre le feu au bouquet.

Aristide tira une nouvelle lettre du paquet, et à plusieurs reprises, il se plut à l'agiter devant Jeoffrin. Elle était hachée par une grande écriture géniale.

— Bigre ! fit Jeoffrin, il parait que vous gardiez celle-ci pour la bonne bouche.

Ecoutez-moi ça répondit Aristide :

« Cher monsieur,

« Il existe deux forces exerçant une pression morale incontestable : la plume et le sabre. Le sabre prouve la raison du plus fort ; la plume démontre le droit du plus faible. L'un écrit avec du sang, l'autre avec de la lumière. La pensée n'a besoin d'aucun auxiliaire pour être éclatante ; le sabre en a souvent besoin pour essayer de l'être. De là une différence essentielle : la différence qui met une aube dans l'âme de Shakespeare et de la nuit autour du front d'un Bonaparte, la différence qui sépare Attila de Voltaire, Eschyle de Charles XII.

« Votre livre, monsieur, est comme l'océan, plein d'amertume. Vivez et travaillez.

« Je suis l'ami de votre jeunesse,

« Victor Hugo. »

Jeoffrin éclata de rire.

— Ah! oui, dit Poupelart, je sais pourquoi vous riez; c'est à cause du: « Je suis l'ami de votre jeunesse? »

— Le fait est...

— Que j'ai quarante ans, n'est-ce pas? mais voyons! avouez-le, à ma place vous seriez content tout de même. Il n'est pas infaillible, cet homme!

— N'importe! je n'ai pas pu m'empêcher de m'offrir un peu de bon sang. Vous ne m'en voulez pas?

— La preuve : attendez-moi une minute, nous allons trinquer à mes succès.

— Ça vous va-t-il?

— Oui.

Et Poupelart se dirigeait vers la porte, lorsque Jeoffrin, l'air dégagé, lui cria :

— Dites donc, Aristide, vous ne savez pas une chose? Eh bien, ma visite a un but intéressé.

Mais le poète répondit :

— Tant mieux ! tant mieux ! vous me ferez vos confidences quand je serai revenu.

Aussitôt seul, Jeoffrin se traça un plan de conduite. A coup sûr, les Poupelart ne devaient pas manquer d'argent. Combien fallait-il leur demander ?... cinq mille francs ?... six mille francs ?... c'était beaucoup !... Le ménage avait des enfants... il n'était pas riche, puisqu'il habitait les Moulineaux, et que madame Poupelart cuisinait elle-même. Avec deux billets de mille francs.....

Aristide entra, portant une bouteille de bière et deux verres.

— Elle est fameuse ! dit-il ; Fanta me la cède par cinquante bouteilles.

Et comme il en versait, après avoir fait sauter le bouchon :

— Un demi-verre seulement ! fit Jeoffrin, un demi-verre ! pour trinquer. Je suis très-sobre et ne prends jamais rien entre mes repas.

— A votre santé ! répondit Poupelart.

— A vos succès !

Ils trinquèrent.

— Combien vous a-t-on acheté votre volume ? demanda Jeoffrin.

Aristide toussa ; hum ! hum ! puis, la mine confuse, l'air pensif, il se mit à essuyer la mousse qui pendait à ses longues moustaches ; finalement il balbutia ;

— Maintenant que mon volume se vend..., je puis vous avouer que j'en ai... payé l'impression. Vous savez ! nous autres pauvres écrivains, nous avons toutes les peines du tonnerre de Dieu à nous faire éditer ; d'un autre côté, nous jouissons d'un orgueil..., d'un sot orgueil ! qui nous pousse à chanter le plus souvent possible que les éditeurs se jettent à notre tête, pour nous supplier de leur cracher nos idées sur du papier..., alors, je vous ai menti. — Encore un verre de bière, hein ?

— Merci ! répondit Jeoffrin.

Et en même temps une rougeur de dépit lui colora la face. Encore un qui n'avait pas le sou ! encore un dont il était la dupe ! Ah ça ! est-ce que, par hasard, Michelle allait aussi lui faire défaut ?

Un de ses pieds fut pris d'engourdissement, parce qu'il avait gardé ses jambes l'une sur l'autre pendant trop longtemps, et il se leva, marchant à très-petits pas vers la porte. Non ! non ! sa fille n'avait rien à lui refuser. Est-ce qu'une fille devait refuser de l'argent à son père ? Cependant, une vague terreur l'étreignit, à l'idée que l'échafaudage si solidement établi dans sa tête, depuis une heure, pouvait s'écrouler.

A présent, il n'entendait plus la voix d'Aristide

debout à trois pas de lui, que comme un bourdonnement. Le poète se plaignait de ses enfants, les traitait d'êtres insupportables, racontait leurs fredaines, citait leurs mots profonds ; mais Jeoffrin, les yeux fixés sur une fine lance de soleil qui tremblotait sur la dorure d'un cadre, se torturait l'esprit, en proie aux déchirements des mille doutes dont les premiers faux pas dans une entreprise sont presque toujours suivis. De telles incertitudes aussi navrantes, aussi capiteuses, ne pouvaient durer. Il s'agissait donc d'avoir au plus tôt le cœur net sur le résultat de cette affaire qui le minait à coups de marteaux rapides, depuis que l'aurore s'était levée devant son insomnie. Soudain, Jeoffrin se tapa le front.

— Sapristi ! j'allais oublier... Quelqu'un m'attend chez moi, dit-il. Au revoir. Ne vous dérangez pas...

Et presque courant, dégringolant les escaliers, au risque de se rompre le cou, pressé comme un voleur, il traversa la rue, ouvrit sa porte et d'une voix étranglée cria :

— Michelle ! Michelle !

Celle-ci répondit de sa chambre :

— Mon père !

— Ah ! bien ! ne descends pas, je monte, cria-t-il de nouveau.

Et tandis qu'il montait, il se gourmanda :

12.

j'aurais dû lui apporter un joli cadeau. Ça fait toujours bien un cadeau.

Puis, comme il s'était arrêté à cette pensée, il se remit à grimper, se disant pour se consoler : Bast ! il faudra bien qu'elle me les donne ses cinquante mille francs !

Quand sa fille, venue à sa rencontre, le vit au jour de l'œil de bœuf qui éclairait le palier, la physionomie de Jeoffrin exprimait une satisfaction communicative.

— Bonjour, mon enfant, dit-il en l'embrassant sur les deux joues. Michelle étonnée le regarda. Il ne l'avait pas embrassée ainsi depuis plusieurs années.

Jeoffrin continua :

— Où est Pauline ?

— Elle est allée faire un tour avec Constance.

— Allons, tant mieux ! la pauvre petite ! le grand air lui donnera des couleurs. Pourquoi n'es-tu pas sortie avec elle ?

— Je ne sais pas. Ça ne me disait rien de sortir aujourd'hui.

— Tu as les yeux rouges.

— Moi ! oh ! c'est que je me les serai frottés tout à l'heure.

— Entrons dans ta chambre, veux-tu ? j'ai à te parler.

La chambre bleue sommeillait éclairée par un jour très-doux, presque triste, mais très-calme, avec ses deux lits vêtus de rideaux blancs. Sur la cheminée, une glace commune, pleine de bleuissements attendris, reflétait vaguement un carré de tapisserie. Jeoffrin s'y regarda, et l'impression qu'il ressentit de son physique apprêté lui causa un chatouillement intérieur on ne peut plus agréable.

— Assieds-toi dans ce fauteuil, Michelle, lui dit-il.

Lui s'installa sur une chaise. Au bout de quelques secondes de silence, pendant que sa fille le considérait toujours, presque émue de cette atmosphère inusitée qui les entourait, Jeoffrin entama la conversation.

— Devine à quoi je rêvais en venant ici, sur l'avenue. Je parie que tu ne devineras pas !

Elle fit : non, avec la tête. Un long peignoir en oxford alternativement rayé de gris et de jaune l'enveloppait, découvrant ses pieds chaussés de pantoufles en velours noir. A cette heure, elle était très-belle, très-sympathique, sa chevelure épandue à l'aise dans un filet blanc. Le fauteuil entre les bras duquel elle trônait, montait derrière son cou, au-dessus de sa beauté nonchalante. Elle avait une rose jaune dans les cheveux, et comme elle entr'ouvrait la bouche, le jour, par la fenêtre, en face d'elle, lui mettait de la clarté aux lèvres et aux dents.

Jeoffrin continua :

— Eh bien, je rêvais que ta mère, ta chère bonne femme de mère, là-haut, ne devait pas être contente de moi.

Michelle sentit passer devant ses yeux un éblouissement. Était-ce bien son père qui lui parlait ainsi ? Alors, elle dit, afin de ne pas se taire :

— Pourquoi ?

Jeoffrin répondit :

— Parce que je ne vous ai jamais témoigné à Pauline et à toi une affection digne de vous.

Et comme Michelle voulait l'excuser, très-touchée des choses qu'il lui confiait, il murmura :

— Oh ! je le sais, tu es une bonne enfant, Michelle.

La jeune fille se rappela que Barbelet lui avait dit cette même phrase, plusieurs jours auparavant, et elle ne put s'empêcher de se demander pour quelle cause tout le monde la trouvant si bonne, elle se trouvait si malheureuse. Elle pensa aussi que son parrain ne reviendrait sans doute plus jamais la voir. Mais Jeoffrin lui parlait de nouveau, elle écouta.

— Tu n'a pas idée de la façon dont j'ai souffert, quand j'ai lancé un coup d'œil sur le passé d'indifférence que je vous ai fait subir à ta sœur et à toi. Par quel hasard, ce passé m'est-il ainsi apparu tout-a-coup ? j'ai peur de comprendre. Michelle, je te demande pardon. Veux-tu me pardonner ?

— Si je te pardonne ! fit-elle ; si je te pardonne !

Elle se leva, et, câline, vint l'embrasser. Elle avait envie de pleurer. L'idée que les repentirs sincères n'atteignent pas les gens en quelques minutes, ne lui troubla pas un instant l'esprit. Elle avait si peu vécu ! Un immense besoin d'épanchement se développa brusquement en elle ; une émotion presque fébrile lui souleva la poitrine. Ah ! au moins, puisque son père lui était revenu, désormais elle n'allait plus manquer de courage pour souffrir. La veille, pensant à la gêne qui ne pouvait tarder à survenir dans les affaires de Jeoffrin, elle s'était dit : Peut-être nous reviendra-t-il quand il sera malheureux ! Et une satisfaction intime, la satisfaction d'avoir vu se réaliser si vite un changement qu'elle avait espéré sans oser y croire, la remua, lui promena un frisson sur la nuque, mais un frisson si agréable qu'elle en oublia sur-le-champ toutes ses rancœurs, toutes les amertumes de ses raisonnements maladifs de jeune fille qu'un verre de vin vieux met en gaité.

— Assieds-toi sur mes genoux, lui souffla Jeoffrin, comme si tu étais encore la toute petite poupée rose avec des cheveux blonds, que je n'ai pas su aimer; car tu avais des cheveux blonds étant jeune, aussi blonds que ceux de Pauline. Et dire que en j'ai seulement pas un malheureux petit daguerréotype accroché quelque part à un clou, pour le dépendre, et pour te montrer le sérieux et mignon visage que tu avais autrefois !

Elle ne sut lui répondre, mais son amour filial s'accrut tout-à-coup avec une telle violence qu'elle saisit la tête de son père entre ses bras, et se mit à sangloter en l'embrassant. Quant à Jeoffrin, horriblement gêné de porter une si grande fille sur ses genoux, il lui passa un bras autour de la taille, afin de se soulager, afin de mieux accentuer la comédie qu'il improvisait, pour se démontrer à lui-même qu'il n'était à l'étroit dans aucun rôle important; mais Michelle se dressa. Jamais un bras d'homme ne s'était égaré là jusqu'à ce jour, pas même le bras de son père; et cela lui avait produit une sensation indéfinissable.

Cet enlacement si naturel d'un père avec sa fille venait de lui sembler quelque chose d'étrange, de monstrueux, de beaucoup moins plausible que si la main d'Octave Blaisot s'était égarée à la même place. La faute en rejaillissait sur Jeoffrin. Ne l'avait-il pas toujours privée de caresses ?

Cependant Michelle ne tarda pas à se remettre et à reprendre la place qu'elle avait quittée sur les genoux paternels.

Jeoffrin lui demandait :

— Je t'ai fait mal ?

Elle répondit :

— Un peu.

Alors il eut des délicatesses de mouvement exquises. Son corps ne forma plus que des rondeurs chaque fois qu'il frôlait celui de sa fille. Sa voix devint sourde et facile à écouter, comme les sons entendus de loin. Ils causèrent. Des souvenirs anciens affluaient sur leurs bouches qui échangeaient des sourires. Quelle réconciliation ! Jeoffrin paraissait en extase, et il répétait sans cesse : Michelle ! Michelle ! comme si le nom de sa fille avait pour lui le goût du miel. Et celle-ci ne se rappelait déjà plus les rudesses glaciales d'un père dont la silhouette s'effaçait dans des lointains pardonnés.

La chance lui venait-elle donc, cette chance qui l'avait fuie avec un tel acharnement pendant de si longues années ? Michelle se sentait si heureuse qu'elle en oublia la joie qui attendait sa sœur. Elle fit un bizarre compliment à son père : Comme tu as de jolies mains ! Jeoffrin lui embrassa les siennes. Puis, s'apercevant que les jambes du vieillard commençaient à trembler de fatigue, elle s'en voulut de l'avoir gêné si longtemps, et se précipita vers un fauteuil qu'elle roula contre sa chaise. Mille sentiments d'affection germaient en elle comme des plantes. Un homme amoureux aurait été jaloux de l'éclat qui jaillissait de ses yeux, et du flux d'amour naguère contenu qui débordait maintenant en rougeurs sur sa peau, en gestes attendrissants, en mots affolés :

— Ah! quel bon père j'avais là sans m'en douter !... Comme tu avais su te cacher à moi ! méchant père qui ne voyais pas qu'on souffrait sans se plaindre.

Elle poussa un cri de bonheur égoïste :

— Suis-je assez malheureuse d'avoir une sœur que tu aimeras autant que moi.

Par un phénomène assez inexplicable, tout à coup, elle reporta sur son père l'amour dévoyé qu'elle se sentait pour Octave Blaisot, doublé de celui que les bonnes paroles de Jeoffrin avaient fait éclore dans son esprit. Alors elle dit :

— Maman doit être joliment contente, si elle nous voit.

L'orgueil de la victoire qu'il remportait sur sa fille emplissait de béatitude l'âme de Jeoffrin. Une clarté sournoise lui nageait entre les paupières, illuminant sa face habituellement si ombreuse et si impénétrable. Sous le feu du contentement qui flambait en lui, une minute, il se reprocha presque d'avoir négligé sa fille, mais il jouissait d'une indifférence trop enracinée pour s'attacher à une pareille impression, et cette minute ne lui fut saisissable, que parce qu'il était intelligent, que parce qu'il se mettait à la hauteur de toutes les situations, qu'il se maîtrisait assez pour s'apercevoir qu'une pareille idée, dans une situation identique, se serait ancrée dans la cervelle d'un autre. Et il fut enchanté d'avoir fasciné Michelle, sans trop se donner de mal, en bon père de famille, à la papa.

Cette plaisanterie le fit sourire, et il embrassa son enfant.

— Tu ne sais pas? lui disait-elle,... maintenant que nous sommes raccommodés, je peux tout te raconter; eh bien, je haïssais tes travaux. Avoue qu'ils te détournaient de nous.

— Non, non, tu te trompes; je t'assure que tu te trompes.

Malgré lui Jeoffrin se frotta les mains. La conversation prenait une tournure excellente. Michelle reprit :

— Raconte-moi, avec beaucoup d'explications, comment tu nous es revenu.

— Je vais essayer; ou mieux je vais me confesser à toi, tant pis pour l'abbé Roche!... Ne t'étonne pas trop, par exemple! Tu comprends, j'ai suivi une ligne de conduite si tortueuse! eu égard à l'affection que je vous portais à ta sœur et à toi, que plusieurs coins de mon récit vont te paraître un peu obscurs... Enfin ! voilà :... quand votre mère, ma pauvre Cécile !... fut morte,... je résolus de vous enrichir, pour plus tard, quand vous seriez des femmes, et j'amassai dans le commerce une somme de trois cent mille francs. Te souviens-tu du jour où nous quittâmes la rue des Tilleuls pour venir aux Moulineaux ?... Oui, à cette époque, j'avais trois cent mille francs, une assez belle somme ! mais depuis je me suis aperçu que c'était peu. On ne devrait jamais tenter le hasard sans avoir au moins un million quelque part, chez un notaire ou dans un coffre-fort. Je ne t'ennuierai pas en m'appesantissant sur mes luttes corps à corps avec la science, sur mes ennuis, mes fatigues, mes accès de rage, mes insomnies, mes souffrances, mes désespoirs ; à quoi cela te servirait-il ? Sache seulement que j'étais lancé dans une première série d'expériences,... et qu'elles n'aboutirent pas. Chose curieuse ! je fus tellement désolé par mon insuccès, que le monde me devint presque odieux, même ta sœur, même toi, mon enfant, pour qui je m'étais mis à l'ouvrage. Tu l'entends ! je me confesse. Ni votre vue, ni votre gentillesse, ni votre solitude, ni la gaieté de vos deux voix d'enfants ne purent vaincre ma misanthropie. J'étais devenu la proie de mes recherches, encore pis : leur jouet. N'étant plus un homme, comment voulais-tu que je fusse un père? Parfois cependant, la satisfaction de vous sentir dans la maison, la surprise de vous voir grandies me traversaient l'esprit comme des éclairs... C'est drôle tout ça ! hein? D'ailleurs, pourquoi nous occuper du passé? je me le rappelle mal aujourd'hui, puisque d'esclave je suis redevenu libre. Écoute: Veux-tu comprendre facilement la raison pour laquelle je t'aime à présent plus que jamais ? Veux-tu savoir comment je te suis revenu avec une recrudescence d'affection? Eh bien, Michelle; c'est que j'ai fait une découverte de la dernière importance. C'est le succès qui t'a rendu ton père. Tiens ! suis-moi là-haut dans mon cabinet, je vais te montrer quelque chose. Arrive.

Elle le suivit jusqu'aux mansardes, dans une chambre très-claire. Et là, elle aperçut, étalées sur une longue table en sapin, d'immenses feuilles de papier couvert de dessins. Derrière un fauteuil, dans un coin de la chambre, un gros paquet mobile se balançait sous une légère draperie verte.

Jeoffrin, l'œil ardent, tapota sur la table et dit:

— J'ai trouvé le moyen de diriger les ballons. Mon modèle est fait, l'appareil est là, sous cette toile, je te le montrerai bientôt,... si tu es sage ! ajouta-t-il.

Michelle lui répondit par un sourire. Mais déjà il maniait fiévreusement tous les papiers épars sur la table.

— Tu es la première personne qui soit entrée ici depuis des années. Vois-tu combien je t'aime, et combien j'ai confiance en toi! Je n'agirais pas ainsi avec ta sœur; les petites filles sont curieuses, elles font toujours des questions indiscrètes.

Puis, aplatissant sa belle main sur le tas des papiers amoncelés, la voix lente, il proclama:

— Ça, c'est de l'or en barre! ça, ce sont des diamants, de quoi en tapisser la maison, de quoi nous en habiller depuis les pieds jusqu'à la tête. Étais-je assez idiot quand j'ai cherché à faire des diamants, autrefois! Avec de l'or, on en achète, et ma découverte me vaudra plus d'or que si j'en fabriquais moi-même. Ah! ma fille, tu es jeune toi, tu as du bonheur! moi, je ne verrai sans doute pas les statues qu'on me dressera.

Michelle ébahie considéra son père. Le visage de Jeoffrin transfiguré ne se ressemblait plus; ses yeux jetaient des lueurs; son front s'était crispé devant son crâne chauve; le muscle de ses mâchoires qu'il serra convulsivement saillit sur ses joues creuses, et un rire de triomphe lui éclaboussa la face. Il murmura :

— Qu'est-ce que tu en dis ?

Alors elle demanda :

— Nous serons bien riches, bien riches ?

Et Jeoffrin répondit :

— Oui.

Michelle ne le crut pas ; mais comme elle était tout cœur, elle voulut profiter de l'état d'exaltation dans lequel son père se trouvait pour l'implorer en faveur de quelqu'un.

— Je te vois si content, dit-elle, que je me hasarde à te demander...

— Quoi ?

— Promets-moi de ne me rien refuser.

— Je te le promets.

— Réconcilie-toi avec mon parrain Barbelet.

Cette demande fit à Jeoffrin l'effet d'une douche d'eau froide ; elle le calma. Néanmoins, il répondit :

— Soit. J'irai lui tendre la main, cette semaine.

A partir de cette concession intéressée, il ne vit plus dans sa fille qu'une débitrice vulgaire. Donnant, donnant. Les sentiments de reconnaissance entraînent les bons procédés. Tant pis pour Michelle, si elle s'était mise dans la situation d'être son obligée !

Et sans plus attendre, voyant qu'elle était radieuse, il résolut de brusquer les événements. Mais, tout à coup, une angoisse poignante lui sécha la salive dans la gorge, et il sentit profondé-

13.

ment le péril de la minute décisive qui approchait. Son sort n'était-il pas suspendu aux lèvres de sa fille ? Ne pouvait-elle pas le meurtrir d'un mot, ou faire de lui un des heureux de la terre ? Il se mit à trembler, et devint si pâle que Michelle inquiète lui tendit les bras.

— Tu souffres ? murmura-t-elle.

A force d'énergie, Jeoffrin dompta la faiblesse qui l'envahissait. Il redevint son maître en un clin d'œil. Puis, la paupière sèche, se composant un masque de désespoir, il saisit une des mains de sa fille et l'attira vers lui, mais bientôt, la repoussant :

— Oh ! j'ai honte ! j'ai honte ! cria-t-il. Je suis un misérable ! vois-tu, bien plus misérable que tu ne le croyais !... Ne me regarde pas... Je t'ai ruinée, ma pauvre enfant ; je t'ai ruinée !... Nous n'avons plus un sou.

Les deux mains sur sa figure, il considéra sa fille par les intervalles qu'il avait eu le soin de ménager entre ses doigts ; et il était obligé de loucher horriblement pour la mieux voir, parce qu'il avait baissé la tête, et que Michelle se tenait debout à sa droite.

— Je t'ai ruinée ma pauvre enfant, ruinée ! répéta-t-il.

Michelle s'agenouilla devant lui.

— C'est un petit malheur, va ! ne te désole

pas,... je t'en supplie,... tu veux donc me faire pleurer... encore ?

Et, compatissante elle voulut le tromper en essayant de lui prouver qu'elle avait foi en lui, en sa découverte, et elle ajouta :

— Voyons ! père, voyons !... Embrasse-moi, et ne te désole plus surtout. Ne serons-nous pas riches bientôt ?

A son tour elle lui désigna les papiers rangés sur la table.

— Ça, c'est de l'or en barre, dit-elle ; ça, ce sont des diamants, de quoi en tapisser la maison, de quoi nous en habiller depuis les pieds jusqu'à la tête.

Mais Jeoffrin s'était dressé devant elle, criant, les lèvres blêmes :

— Alors tu me le donnes ton argent ? tu me le donnes ?

Michelle ne comprit pas.

— Quel argent ?

Elle fut sur le point de croire que son père déraisonnait.

— De quel argent parles-tu ? demanda-t-elle.

Jeoffrin ne voulut pas lui laisser le temps de comprendre.

Il lui dit donc, avec volubilité, tâchant de l'étourdir, de la saisir, de lui ôter la réflexion :

— Ah ! tu me le donnes ton argent ! j'en avais rudement besoin, va ! on a beau avoir un tas de combinaisons dans la caboche, si on n'a pas un radis pour les exécuter, autant vaudrait monter sur un toit et se jeter par terre. Je le savais bien que tu ne me refuserais pas la somme dont j'avais besoin ! Bonne Michelle ! tu pourras te vanter d'avoir désormais un père qui t'aimera bien. Oui, je m'égosillerai à le proclamer : ta maman serait orgueilleuse de toi, si elle vivait. Ah ! la pauvre bonne femme ! Embrassons-nous, — encore !... encore ! Suis-je assez heureux ! — Ne t'ai-je pas entendu dire que tu désirais un manteau de fourrure pour l'hiver, eh bien, vous en aurez chacune un, ta sœur et toi, et un beau ! Sapristi ! que je suis content !

Il ouvrit un tiroir et en tira une feuille de papier.

— Tiens ! ajouta-t-il, voici du papier timbré, fais-moi une procuration.

Cette fois Michelle se persuada pour tout de bon que son père devenait fou. Cependant, tout en prenant la plume trempée d'encre qu'il lui tendait, tout en s'approchant de la table, sur un coin de laquelle gisait la feuille de papier timbré, elle demanda :

— Une procuration ? Pourquoi faire ?

Jeoffrin répondit :

— Mais pour ton argent ! pour l'argent que tu viens de me donner ! Signe,... signe donc !

Elle, toujours sans signer, les yeux fixés sur son père, répéta :

— Pour mon argent ? pour l'argent que je viens de te donner ?

Il fallait en finir. Jeoffrin prit son air le plus niais, et lui dit :

— Eh oui ! pour les cinquante mille francs qui te viennent de la succession de ton oncle Clérambeau.

La plume tomba des mains de Michelle, et elle inclina la tête, attérée. Un sanglot lui souleva la poitrine. Elle comprit seulement ce que depuis plus d'une heure son père désirait, l'ignoble comédie d'affection qu'il avait jouée pour essayer de la voler.

Il la croyait donc bien bête ! Oh !... — Néanmoins, il l'avait précipitée d'un si haut sommet qu'elle ne parvenait pas à se relever. Pourquoi ne lui avait-il pas fait sa demande, simplement, franchement, sans se servir de basses cajoleries ? Une douleur intense s'empara d'elle, la douleur d'avoir été abusée, d'avoir à rentrer dans le passé avec une illusion de moins, la plus belle ! la douleur de sentir son père infâme. — Jeoffrin l'examinait. Entre deux crispations nerveuses, la jeune fille ne put que balbutier :

— Oh ! papa ! papa !

Jeoffrin lui dit encore :

— Signe ! signe donc !

Mais elle répondit :

— Non.

Une sourde colère s'empara du vieil horloger.

— Te moques-tu de moi ? dit-il ; pour quelle raison m'as-tu bercé de promesses ? Faut-il te répéter que j'ai besoin d'argent ? je tiens la découverte. Sans les cinquante mille francs que je te demande, bonsoir ! pas de fortune à venir !.... Signe, Michelle, signe mon enfant. Que t'importent cinquante mille francs ! donne-les moi.

Mais elle repoussa la plume qu'il lui tendait de nouveau, et qu'il avait ramassée. A présent, elle pleurait en silence. Une chaleur de sang envahissait le visage de Jeoffrin. Il tira cependant un mouchoir de sa poche, et l'aspect calme, se mit à essuyer les yeux de sa fille. Celle-ci détourna la tête.

— Signe, je t'en prie, je t'en supplie, signe ! murmura-t-il encore.

Michelle répondit :

— Non.

— Pourquoi ?

— Parce que tu me demandes notre dernier morceau de pain. Si ce n'était que le mien, je ne me plaindrais pas, mais c'est... le nôtre.

— Pourquoi encore?

— Parce que....

Elle faillit lui avouer qu'elle ne croyait pas à son invention.

Jeoffrin la devina.

— Tu as peur que je ne réussisse pas? dit-il.

— Peut-être.

— Mais, je réussirai.

— Qui me le prouve?

— Ah ça! comment veux-tu que je te le prouve, si ce n'est en te l'affirmant? — Veux-tu signer, oui ou non?

— Non.

Il changea de ton et de manières.

— Je t'ordonne de signer.

— Je ne peux pas. Demande-moi tout ce que tu voudras, mais pas ça! pas ça!

— Eh! tonnerre! je n'ai besoin que de ça! Je me fous pas mal de ce que tu peux me donner à part ça. Signe.

— Non.

Elle pleurait toujours. Jeoffrin s'emporta.

— Tu ne sortiras d'ici que quand tu m'auras obéi.

— Soit.

— Imbécile, va! tu ne sauras donc jamais que pleurnicher? Je veux ton argent, entends-tu? et je l'aurai. Veux-tu bien ne pas pleurer comme ça, tu m'agaces!

Il lui empoigna les deux poignets entre ses mains énervées.

— Tu me fais mal, dit-elle, tu me fais mal.

Et comme elle allait crier, il les lui lâcha, après les avoir tordus.

Michelle redoubla de sanglots. Jeoffrin se promenait de long en large dans la chambre. Il soufflait de colère. Soudain il s'approcha d'elle, très-doux et très-cauteleux.

— Voyons, dit-il,... tu oses refuser de l'argent à ton père... toi!... Pardonne-moi les mots qui me sont échappés dans un moment de fureur... J'ai eu tort... Mais au moins, avoue que... toi aussi, tu as eu tort de ne pas vouloir... ce que je voulais.

Elle ne lui répondit rien. Alors, levant les bras au plafond, sinistre d'orgueil, il s'écria :

— Ayez donc du génie pour avoir des enfants comme ça!

Puis, se ruant presque sur elle, lui prenant la tête entre les mains et la lui relevant de force :

— Regarde-moi, mais regarde-moi donc, sacrée gueuse, beugla-t-il. Tu n'auras donc seulement pas peur de moi? Il y a pourtant un abîme entre l'homme que j'étais tout à l'heure et celui que je t'oblige à regarder. Lequel des deux choisis-tu?

Elle répondit :

— Ni l'un, ni l'autre.

Il brandit sa main et la souffleta.

Mais tandis qu'elle le regardait indignée, la joue marbrée de rouge, frissonnante, honteuse du coup reçu, balbutiant encore :

— Oh! papa! papa!

Jeoffrin s'en alla et fit claquer la porte. Cependant, il ne tarda pas à revenir :

— Descends dans ta chambre, lui ordonna-t-il; n'en sors plus sans ma permission.

Michelle passa devant lui et courut s'enfermer. Elle ne pleurait pas.

Une fois seule, la première chose qu'elle fit, fut de se précipiter vers la glace, pour voir si son visage n'était pas trop endommagé. Ah! sa joue n'enflerait sans doute pas!... Quelle consolation! Octave Blaisot, s'il venait dans la soirée, ne la trouverait point grotesque; il n'aurait pas besoin de lui dire : Il faudra vous soigner, mettre une compresse d'arnica ou de quelque autre drogue sur la partie malade... Devait-elle quitter la maison et fuir n'importe où? à quoi bon! Qui lui offrirait l'hospitalité?... Barbelet? il était vieux garçon. Les Poupelart?... ils sauraient qu'elle avait reçu un soufflet. Un soufflet! Une grande mollesse la cloua sur un fauteuil. Elle ne se sentait aucune haine contre son père. — Le marteau d'un maréchal ferrant, leur voisin, qui raccommodait un camion devant sa forge, résonnait au milieu du mutisme lourd de l'après midi. Michelle murmura : je n'ai pas de chance, pas de chance ! C'était le refrain qu'elle se chantait depuis des années, chaque fois qu'un nouveau malheur la frappait. Quand elle avait dit : je n'ai pas de chance ! toute pensée de révolte l'abandonnait, et une langueur triste la plongeait dans un demi-sommeil particulier, dans la tranquillité inconsciente et rêveuse des bêtes qui marchent vers l'abattoir.

X

Le lendemain, à huit heures du matin, Jeoffrin descendit de sa chambre à coucher. Constance balayait l'escalier.

— Vous préviendrez ces demoiselles que je ne dînerai pas, dit-il.

Et il alla rôder dans la cuisine, tandis que les marches en chêne retentissaient sous les chocs sonores du balai. Sur le buffet reluisant de propreté, le déjeuner de ses filles était déjà prêt, une tasse de chocolat et une tasse de lait. Michelle et Pauline n'avaient pas encore fait leur apparition, mais on les entendait parler, s'agiter, s'occuper de leur toilette.

Une pluie aux longues flèches perçantes tombait, nettoyant les ardoises des maisons, poudroyant sur les toits. Le ciel ressemblait à une grande nappe grise de toile écrue. La rue était boueuse, pleine d'ordures au milieu desquelles des trognons de choux et des verdures de carottes lavées par l'ondée mettaient des taches gaies.

Jeoffrin abrité sous un immense parapluie de famille, le pantalon retroussé, s'engagea crânement dans le liquide épais et sale qui s'allongeait devant lui, entre les maisonnettes ruisselantes. Il se dirigea vers Issy.

Constance avait eu beau lui crier :

— Mais, monsieur, vous allez vous faire tremper comme une soupe.

Il avait répondu :

— J'en ai vu bien d'autres.

Et il pataugeait, arpentant du terrain, crotté au bout de cinquante mètres comme s'il venait de fournir une course. Sa physionomie était très-sérieuse ; on voyait que des réflexions de la plus haute gravité lui emplissaient la tête et lui cerclaient le front. Selon son habitude, il était vêtu d'une redingote et d'un pantalon noirs. Il n'avait sans doute pas beaucoup dormi, la nuit précédente, car la meurtrissure de ses yeux se boursouflait de plus en plus, très-bleue sous la ligne rouge et fatiguée des paupières.

Devant les fabriques de plâtre, la poussière blanche mêlée à la terre bourbeuse du chemin formait de curieux obstacles. L'avenue des Moulineaux, ainsi vue de grand matin, frissonnait dans les averses. Le gazon, tout hérissé, courait lelong des champs; les trèfles et les pissenlits avaient des airs penchés, des airs de campagnards furieux des inconséquences du soleil. Les pâquerettes s'enivraient d'eau. Les héliotropes sauvages, en touffes pâles sur les talus, s'épanouissaient tout doucement. Quelques ciguës lymphatiques avaient ouvert leurs ombrelles de fleurs, et tandis que les arbres faisaient des provisions de fraîcheur pour l'avenir, des genêts pareils à des paquets de verges, s'étaient chamarrés d'or. Les longues cheminées des fabriques ne portaient plus aussi orgueilleusement leurs panaches de fumée lente, mais le tapage de leur base en travail n'en montait pas moins dans le silence de l'humide matinée. On n'entendait aucune chanson d'oiseau.

Quand il ne fut plus qu'à une trentaine de pas des premières maisons d'Issy, Jeoffrin s'arrêta. Son parapluie l'entourait de cascades. A côté de lui, un bouquet fané gisait dans la boue, rafraîchissant une dernière fois, avant de pourrir, ses pauvres fleurs condamnées. Jeoffrin le considéra un instant, l'œil perdu, sans trop voir ce qu'il regardait; puis il continua sa route. Aucun souffle ne troublait la pluie qui continuait à inonder l'avenue, à cribler de piqûres les flaques d'eau et les rigoles jaunâtres, à brouiller les lointains, à crépiter sur les tas de cailloux, à fouetter les palissades et les clôtures des maisons. Et bientôt, après avoir laissé derrière lui la moitié du village, l'ancien horloger avisant une porte sur laquelle une plaque en cuivre affichait l'inscription suivante. *Commissariat de police,* se campa devant cette porte et ne tarda pas à signaler sa présence par un coup de sonnette.

Une vieille bonne, en train de se peigner, vint lui ouvrir.

— Ah! monsieur Jeoffrin!

— Bonjour Madeleine. Barbelet est-il chez lui?

— Il dort. J'espère que vous devenez rare, monsieur Jeoffrin! — Donnez-moi votre parapluie. Essuyez bien vos pieds surtout.

Une voix ensommeillée cria :

— Qui est-là?

— Ne répondez pas, dit Jeoffrin à la vieille femme, je vais m'annoncer moi-même.

Et il entra dans la chambre à coucher de Barbelet.

— C'est moi.

— Ah! c'est toi, fit le commissaire de police.

Il bouscula son oreiller avec son poing, et se mit sur son séant. Que lui voulait donc Jeoffrin? N'étaient-ils pas brouillés à tout jamais? Au nom de quel saint se permettait-on de le déranger? Il fut sur le point de sauter à bas de son lit, d'empoigner Jeoffrin par les épaules et de le pousser dehors, mais le souvenir de Michelle, sa filleule qu'il aimait tant, le contint.

L'ancien horloger lui demanda :

— Veux-tu me donner une poignée de main ? Je viens te faire des excuses.

— Fais-les.

— Volontiers, puisque les torts sont de mon côté. D'abord, tiens ! voici ta montre, je te supplie, de ne pas la refuser ; ensuite, mon vieux Barbelet je t'affirme regretter de tout cœur la scène que j'ai excitée entre nous, l'autre jour.

— Bon ! n'en parlons plus. Je suis commissaire de police, c'est vrai ! mais apprends une chose pour ta gouverne : je ne suis pas de la race qui a aidé au coup d'Etat en 51. Qui dit mouchard, dit crapule, je ne suis pas un mouchard. Tâche désormais de peser un peu plus tes expressions avant d'en assommer les gens. — Comment va Michelle ?

— Très-bien, je te remercie.

— Et Pauline ?

— Elle se porte bien aussi.

— C'est aujourd'hui dimanche, n'est-ce pas ? je m'invite à dîner chez toi pour dimanche prochain. Ce sera ta punition.

— Une punition agréable !

— Michelle sait que tu es ici ?

— Non.

Jeoffrin circulait dans la chambre. Il éprouvait le besoin de prendre une contenance, de paraître familier avec les coins et les recoins, les menus objets et les meubles qu'il avait failli ne plus voir. Mais bientôt, connaissant la manie du commissaire de police pour les livres, s'apercevant d'ailleurs qu'une certaine contrainte les séparait encore, il résolut de conquérir, à l'aide d'une manœuvre adroite, l'estime qu'on avait tant de peine à lui restituer.

Il s'arrêta donc, les jambes écartées, les poings sur les hanches devant une énorme bibliothèque en poirier verni.

— Tiens! fit-il, tu as acheté de nouveaux bouquins?

— Oui.

— Montre-les moi donc.

— Attends! je me lève.

Barbelet enfila une robe de chambre à carreaux blancs et noirs, glissa ses pieds nus dans des pantoufles en tapisserie, et s'approcha de sa bibliothèque. Il avait l'air heureux ainsi vêtu, sa courte chevelure grise ébouriffée, son gros ventre à l'aise dans la robe de chambre, le bas des mollets et les chevilles nus.

Il ouvrit son réceptacle à livres, et avec mille précautions en tira un in-12 relié en maroquin rouge qu'il fit sauter dans ses larges mains d'amateur.

— Poème du quinquina et autres ouvrages en vers de la Fontaine, dit-il, Paris, Denis Thierry et Ch. Barbin, 1662. Édition originale. C'est Trautz-Bauzonnet qui a exécuté la reliure.

— Diable ! fit Jeoffrin.

Au fond, il se moquait pas mal de Trautz-Bauzonnet, du quinquina et de la Fontaine.

— Et ça vaut combien ? demanda-t-il.

— Six cents francs.

— Diable ! répéta Jeoffrin, et il continua la revue des volumes rangés dans la bibliothèque. Barbelet plongé dans une admiration naïve parcourait feuille par feuille le poème du quinquina. Tout à coup il s'écria, la face navrée :

— Dire que j'ai vu vendre les œuvres de Louise Labbé ! une édition extraordinairement rare ! et que je n'avais pas quinze mille francs pour me la payer !

Mais l'ancien horloger venait d'attirer à lui un modeste volume.

— Tiens ! Barbelet, disait-il, regarde.

Deux larmes lui glissaient des yeux, le long des joues.

— Ah ! oui, je sais ! fit le commissaire de police qui regarda le livre sans considérer Jeoffrin. C'est le récit de quelques aventures aériennes par

W. de Fonvielle. Voilà qui t'intéresse, hein ? mon gaillard. Un livre peu rare, par exemple ! il m'a coûté vingt sous sur les quais. Je te le donne.

— Merci.

Et Jeoffrin pensa : Si ce monsieur de Fonvielle m'avait connu, ce n'est pas sur quelques aventures aériennes qu'il aurait fait son livre, c'est sur ma découverte.

Puis la mine humble, il dit à Barbelet :

— Est-ce que tu ne pourrais pas me trouver une place dans une administration ?

— Une place ? pourquoi faire ? lui demanda celui-ci en train de ranger avec mille et un soins son poème du quinquina dans sa bibliothèque.

— Parce que je ne voudrais pas être à la charge de mes filles. Je n'ai plus le sou ; il faut que je vive.

Cette démarche de Jeoffrin causa un attendrissement au commissaire de police étonné ; il ne pût s'empêcher de dire :

— Tu ne plaisantes pas ?

— Non.

— Alors, je te félicite. Donne-moi une poignée de main. Le diable m'emporte si tu n'es pas un brave homme ! mais....

— Mais quoi ?...

— Tu sais, je n'ai pas beaucoup de relations ; j'ai toujours vécu un peu comme un ours, et....

— Eh ?

— Les seules protections que je peux avoir sont à la préfecture de police. La seule place que je pourrais te procurer serait donc une place dans le genre... de la mienne

— Il y a des honnêtes gens partout.

— Tu ne disais pas ça, l'autre jour ?

— Voyons Barbelet, vas-tu encore me reprocher cette maudite histoire qui a failli nous brouiller ?

— Non, certes !

— Eh bien ?

Barbelet se gratta la tête ; une préoccupation l'absorbait. Il ne pensa plus à tenir sa robe de chambre croisée sur sa poitrine, et celle-ci s'entr'ouvrit montrant sa chemise et la nudité de ses mollets énormes.

— Eh bien ? répéta Jeoffrin.

Le commissaire de police brûla ses vaisseaux.

— Tu n'as donc plus l'intention de t'occuper des aérostats ? demanda-t-il.

Jeoffrin l'enveloppa tout entier d'un regard, et il répondit :

— Je n'ai plus l'intention de m'en occuper spécialement, parce que j'ai atteint mon but, parce que j'ai trouvé !

— En es-tu certain ?

— Oui, ma parole d'honneur ! J'ai envoyé mes

plans au ministère ; on les examinera tôt ou tard ; je suis patient. La réalisation de mes projets n'est plus qu'une affaire de temps.

— Et d'argent.

— Et d'argent, tu as raison. Voilà pourquoi j'ai besoin d'une place,... pour vivre,... en attendant.

— Si le ministre te repousse ?

Les yeux de Jeoffrin s'allumèrent. C'est juste! on pouvait le repousser : Oh! il s'y attendait même ; mille autres inventeurs avant lui n'avaient-ils pas été congédiés, bernés avec de belles paroles ? Parbleu! Alors il répondit :

— J'aviserai ; dans ce cas, j'aviserai.

Puis, furieux, cédant presque à un besoin de parler, de rejeter toute la bile que sa misère contenait, il s'écria :

— L'argent! oui, l'argent! si j'avais de l'argent! mais... je n'en ai pas. Je regrette que tu ne m'aies pas vu mendier, hier, avant-hier ! Ton cœur se serait soulevé de dégoût. En ai-je reçu de ces camouflets en plein visage! On ne m'a guère ménagé, va! L'imbécillité a une main de plomb, et cette main frappe au hasard. Ah! l'argent! il m'en faudrait beaucoup, et je ne possède rien,... rien! En voilà un de mot, qui sonne creux! Nous en sommes tous là, les inventeurs! Nous trimons pendant des années, nous travaillons jour et nuit, nous fouettons notre intelligence à tour de bras, nous nous ruinons le corps, nous blanchissons avec l'espoir du succès, l'espoir !... Finalement, un beau matin, on nous ramasse crevés sur un tas de paille. Alors, les journaux parlent, les amis se remuent, le public s'émeut, on se met à l'ouvrage d'après les papiers et les plans qui restent. Sacré nom de Dieu ! il est bien temps !

Jeoffrin, les poings crispés, l'œil en feu, la face méchante alla s'appuyer contre la cheminée. Il ne pouvait tenir en place. Je ne sais quel aiguillon invisible le tarabustait sans relâche. Il finit cependant par s'installer sur une chaise, contre la table de travail de Barbelet, et là, il fulmina encore :

— Oui, heureux quand le premier cochon venu n'est pas assez filou pour nous voler le nom que nous avons mérité ! Les foules sont ainsi bâties : elles s'occupent souvent beaucoup plus des acteurs que de l'homme qui a fait une pièce de théâtre. Les morts n'ont jamais raison, lorsqu'ils ne bénéficient pas du mal qu'ils se sont donné, ou du génie qu'ils ont eu. Je me fous de l'immortalité, moi ! La gloire consiste à se voir saluer de son vivant, et non pas à s'entendre traiter de grand homme, à travers une pierre tombale ; comme si on entendait dans la tombe, d'ailleurs ! Je ne vis pas de chimères, moi ; je ne suis pas de ces moutons humanitaires qui lèguent à la postérité leur invention pour qu'elle lui soit utile, et leur cadavre pour qu'elle l'empaille. J'ai trouvé ce que d'autres n'ont pas su trouver, par cela même, j'ai le droit de manger selon mes appétits et de boire du meilleur. Je te demande un peu : à quoi servent les forces qu'on a déployées, si l'on n'en tire aucun profit ? Les hommes de talent devraient se mettre en grève contre la société, on verrait ce qu'elle deviendrait ! S'embêterait-il assez, ce pauvre bas monde ! serait-il assez incolore, sans les belles œuvres qu'on se tue à lui faire comprendre !... Mon cher, je ne suis ni un Christ en sucre d'orge, ni un clown du sentiment, je suis un ancien horloger, un commerçant. J'ai inventé un aérostat dirigeable ; eh bien, je vendrai ma marchandise, ou personne ne l'aura. Non, le temps des facéties est passé ; nous vivons dans un siècle excessivement pratique, pourquoi rêvasser de tendresses idylliques, de récompenses éthérées ? Le jour où il naîtra un ministre de l'intérieur capable de s'intéresser à tous les progrès, je te serai reconnaissant de me le montrer. Que diable ! puisqu'on cherche des chanteurs pour l'opéra, on pourrait bien s'occuper un peu de moi. Écoute, voici mon ultimatum : si je meurs avant d'avoir été secouru ou sans avoir déniché un moyen de lancer ma découverte, je l'ensevelirai, je l'anéantirai. Tant pis pour mon pays! c'est lui qui l'aura voulu. Je...

Barbelet l'interrompit :

— Tu es une mauvaise tête, un révolutionnaire.

Jeoffrin se mit à rire,

— Je m'en flatte, répondit-il.

Puis, jugeant que sa colère l'avait peut-être entraîné hors des bornes convenables, il se calma petit-à-petit, cherchant à atténuer le sens des paroles qu'il avait dites. Puis, tout-à-coup, il s'écria en se frottant les mains :

— Barbelet, quelle mine ferais-tu, si en te réveillant par une matinée superbe, en mettant le nez à la fenêtre pour respirer le bon air, si en levant les yeux avec l'intention de bâiller aux corneilles, tu apercevais, au-dessus de ta tête, trois ou quatre ballons éparpillés un peu partout dans le ciel, comme une volée d'aigles filant vers des stations différentes ?

— Je crierais : Vive Jeoffrin !

— Quand je pense, que demain, si j'avais de l'argent, je pourrais... mais non! ton plafond ne s'entr'ouvrira même pas pour pleuvoir sur nous quelques billets de mille francs....

Le commissaire de police ricana :

— Tout le monde n'est pas Danaé.

— Malheureusement. Ah! les jolies femmes ont du bonheur.

— Pourquoi ?

— Parce qu'elles peuvent se vendre.

— Oh! Jeoffrin! fit Barbelet, avec un geste indigné.

— N'importe! reprit l'ancien horloger en se frottant rageusement la cuisse, si quelqu'un me proposait aujourd'hui une somme conséquente, je crois que je l'associerais à ma découverte. Une sale chose que d'être misérable! et je suis coupable de ma misère. Tonnerre de tonnerre! je la tiens pourtant mon invention! Quelle déveine que tu n'aies pas vingt-cinq mille francs, quinze mille francs! Quelle déveine que tu ne saches où les emprunter!

Il prit un crayon sur la table et posa la main sur une feuille de papier qui s'étalait devant lui, intacte.

— Tiens! dit-il, mon vieux Barbelet, regarde. Je vais t'expliquer mon système, à toi, à toi seul, parce que j'ai une entière confiance dans ton honnêteté. Jure que tu ne le révèleras à personne ; jure-le moi, pour me tranquilliser. Je sais bien que tu ne voudrais pas me faire du tort, mais chacun aime à bavarder.... Jure ! Ton serment sera la garantie que tu veilleras sur la moindre de tes paroles.

— Je jure.

Jeoffrin se mit à dessiner.

— Voici mon ballon, dit-il, au bout d'une minute.

— Il a presque la forme d'une poire, insinua Barbelet.

— Oui, c'est ça !... tu as raison,... presque la forme d'une poire, d'une poire très-longue. — Ah ! si tu savais comme je suis content de pouvoir causer de ma découverte ! Je l'avais là, sur la poitrine. Il y a des moments où dans mes promenades solitaires, je me parlais tout haut pour entendre le son d'une voix s'occuper de ce qui me fourmillait dans la tête. Seulement je craignais d'être entendu. A propos, tout est bien clos ici, n'est-ce pas ? Personne ne nous écoutera ? Va fermer ta porte à clef.

— Quel drôle d'homme tu es ! dit le commissaire, après lui avoir obéi.

— Maintenant, assieds-toi. — Connais-tu un peu de physique ?

— Très-peu.

— Sapristi ! enfin, je vais tâcher que tu comprennes. — Tu n'ignores pas, je suppose, que le liége et beaucoup d'autres corps légers, quand on les plonge dans l'eau et qu'on les lâche ensuite, remontent à la surface ?

— Non.

15.

— Eh bien, c'est une poussée du même genre qui oblige les ballons à s'élever dans l'air. Cette poussée se nomme : force ascensionnelle. Saisis-tu ?

— Parbleu !

— Il s'agissait donc, une fois ceci observé, une fois les premières expériences faites, l'instrument perfectionné, de conduire les aérostats, de leur imprimer une volonté, malgré les courants atmosphériques, dans la couche d'air qui entoure le globe, et dont l'épaisseur doit être environ de soixante kilomètres. Ce n'était pas facile ! Beaucoup d'intelligences d'élite se sont heurtées contre des difficultés insurmontables pour elles ; beaucoup d'hommes sont morts à la tâche. Et il a fallu que moi, je naquisse avec le don et une impitoyable énergie !

Barbelet murmura en souriant :

— Tu ne te donnes pas de coups de pieds au derrière.

Jeoffrin lui répondit :

— Pourquoi m'en donnerais-je ? puisque j'ai la certitude de réussir. Vois-tu, Barbelet, le tort de mes prédécesseurs a été de trop chercher à diriger les aérostats par des appareils fixés aux nacelles ; aussi n'ont-ils obtenu que des résultats de seconde utilité. Maintenant, sois tout yeux et tout oreilles, je continue mon dessin... Ce que je suis en train d'indiquer là, au sommet du ballon, est une espèce d'anneau tournant très-solide. Passons à la nacelle... Ceci te représente la nacelle. Ne perds pas mon crayon de vue....

Barbelet l'interrompit :

— Tiens ! mais ce que tu fais là ressemble à une voile.

— Oui, à une voile, et c'en est une !.... et en voici une autre. Elles seront mobiles et s'agiteront de bas en haut, grâce à une machine très simple, très-légère que j'ai inventée. On n'a pas été horloger pour des prunes !... Les voiles sont tenues au sommet du ballon par l'anneau dont je t'ai parlé tout à l'heure, et elles reposent sur des vergues à la hauteur de la nacelle. Bien entendu ! elles sont manœuvrables....Quant à la machine....

Barbelet sa large face sérieuse, écoutait Jeoffrin. Celui-ci se retourna, remarqua l'attention qu'on lui prêtait, et alors, brusquement, à grands coups de crayon rapides, il effaça le plan commencé. La méfiance venait de lui envahir l'esprit. Il s'écria :

— Suis-je bête de t'ennuyer avec toutes mes histoires !

Et tortillant la feuille de papier sur laquelle il croyait avoir failli se compromettre, il la fourra dans sa poche.

— Mais tu ne m'ennuyais pas le moins du monde, fit Barbelet... au contraire ! Ton système me paraît même très-curieux. Quelle sorte de gouvernail as-tu inventé ?

Jeoffrin lui répondit, afin de le tromper :

— Mon gouvernail sera une troisième voile.

Puis il ajouta :

— Quelle heure est-il ?

Il s'en voulait d'avoir témoigné une pareille confiance au commissaire de police. Quelle mouche le piquait donc, lui Jeoffrin, chaque fois qu'il était sur le chapitre de son invention ? Ne pouvait-il tenir sa langue ? Quel argent devait-il espérer de Barbelet ? Aucun. Néanmoins, il résolut d'allécher son homme par une dernière perspective.

— Si tu me trouves la somme qui m'est nécessaire, dit-il, eh bien, tu verras que je ne suis pas un ingrat, et que je t'intéresserai non-seulement aux bénéfices de l'entreprise, mais encore à la gloire de l'invention elle-même. Garde-moi le secret, par exemple ! le secret le plus absolu. Une de nos forces, notre seule force peut-être à nous autres, c'est le mystère qui plane sur nos travaux.

Barbelet lui promit tout ce qu'il voulut. Et ils causèrent de choses et d'autres ; mais malgré lui, constamment, Jeoffrin revenait à ses propres affaires et s'emportait. Cependant, il se faisait très-amical pour le commissaire de police, tâchant de lui voiler leur brouille récente, essayant de se l'attirer, de se le gagner. Oui, une place! il lui fallait une place, soit dans les bureaux de la préfecture, soit à Issy, le plus tôt possible.

Pendant ces heures, dans la petite maison de Jeoffrin, aux Moulineaux, Pauline et Michelle en toilettes du matin avaient quitté leur chambre. Pauline s'était éveillée, très-joyeuse, et tout en rôdant, en bavardant, en suivant sa sœur comme une ombre, elle avait fini par vider la tasse de lait que Constance lui avait préparée. Véritablement, elles étaient très-jolies à voir, déjà coiffées et si peu semblables l'une à l'autre. Michelle aimait les jours pluvieux, et pensive dans la salle à manger, elle avait soulevé un des rideaux de mousseline de la croisée, pour jouir du temps. Le front contre une vitre, le regard terne, paresseuse de ses mouvements, lasse de souvenirs, surprise par la mélancolie d'un coin de ciel monotone, un peu absorbée par le gloussement saccadé que lâchait une gouttière, non loin d'elle, dans la rue, elle rêvait.

Pauline installée sur une chaise parcourait un journal. Une foule de cheveux blonds, jouait autour de sa tête, avec mille gaîtés d'or vivant et folâtre. Ses longs cils, presque blancs, lui posaient une ombre claire sur les joues.

— Encore un nouveau crime! fit-elle tout-à-coup. A la tour Malakoff!... Tiens! mais c'est en Russie la tour Malakoff!... Ah! que je suis bêbête! non, non! il parait que la tour dont on parle ici est à Montrouge... Il y a un homme et une femme qui ont tué une autre femme, au fond d'une cave... Michelle!... Michelle!

— Quoi?
— Tu dors?
— Non.
— As-tu entendu?
— Oui.
— Dis donc, ils méritent joliment d'être guillotinés ces deux-là.
— Oui.
— Faut-il être assez méchant tout de même pour tuer quelqu'un!
— Oui.
— Oui, oui, tu me réponds oui, comme si je te demandais : viens-tu promener? Ça ne t'indigne pas ces choses-là? ça ne te froisse pas? moi ça me révolte....
— Moi aussi.

Pauline continua sa lecture. — A présent, Michelle pensait à Octave Blaisot, et elle le revoyait comme elle l'avait admiré, la dernière fois qu'il était venu faire la cour à sa sœur. Il avait une redingote bleue à collet de velours qui lui allait très-bien, un pantalon gris, et une cravate bleue aussi à pois blancs. Ah! lui ne pensait guère à elle! Assis devant son comptoir, sous une lame de lumière rouge, derrière un des grands bocaux de sa devanture, il vérifiait sans doute son livre de comptes, ou répondait à un client? Se déciderait-il à venir, le soir, malgré le mauvais temps? — Pauline s'écria :

— Ils sont assommants ces journaux, avec leur politique ! Moi d'abord, je suis bonapartiste. Et toi, Michelle ?

— Moi ? je n'en sais rien.

— Comment, tu n'as pas d'opinion ?

— Non.

— Tu n'as donc jamais vu la photographie du prince impérial ?... une surtout, une ancienne, où il est tout petit, habillé en grenadier, sous un bonnet à poils, sur un tout petit cheval ? Il est gentil à croquer.

— Tu es sotte, va !

— A présent, il ressemble à Octave.

— Tant mieux pour lui.

Pauline poussa une exclamation nouvelle, une exclamation admirative et en même temps attendrie.

— Oh ! voilà qui est beau, par exemple !

— Quoi encore ?

— « On enterrait dernièrement à Bougival un garçon épicier mort à la suite d'une indigestion,

Ce jeune homme possédait un chien caniche. Qnand, après la cérémonie des funérailles, on se rendit au cimetière, il suivit le convoi. — Quelques jours après, le sieur K..., fossoyeur, alla creuser une tombe. Quel ne fut pas son étonnement de voir un trou large d'environ un mètre au milieu de la tombe du garçon épicier qu'il se rappela bien avoir comblée. K... s'approche et aperçoit dans le trou le chien fidèle du défunt. Le chien était mort. Fait remarquable ! le maître avait péri pour avoir trop mangé, la bête faute de nourriture. »

— Hein ? ce ne sont pas les domestiques, même Constance, qui aimeraient les gens de cette manière-là.

Michelle ne put s'empêcher de sourire. Elle n'avait pas cessé d'examiner la rue ; et comme elle avait les yeux fixés sur un canard qui barbotait en secouant son derrière, Pauline s'approcha d'elle furtivement et l'embrassa. Ensuite, lui prenant les mains avec un geste de petite fille câline et bonne, elle lui demanda :

— Voyons ! qu'est-ce que tu as ? Depuis quelques mois, tu n'es plus la même. Est-ce que tu ne m'aimerais plus ?... T'ai-je fait de la peine ? tu sais, je suis un peu folle....

— Mais non, Pauline, quelle idée !

— Alors, embrasse-moi comme tu m'aimes.

Michelle lui appliqua deux longs baisers sur les joues.

— Es-tu satisfaite ? dit-elle.

— A la bonne heure. Tiens ! tu as un commencement de fluxion ?

C'était la trace du soufflet qu'elle remarquait. Michelle rougit et balbutia :

— Je me suis cognée contre une porte.

— Oh ! la maladroite ! fit Pauline.

Puis, sautant à un autre sujet de conversation, elle lui dit :

— Il faut absolument que je te marie.

Michelle tressaillit. L'avait-on devinée ?

— Je ne veux pas me marier, répondit-elle.

— Pourquoi ?

— Parce que...

— Si je te trouvais quelqu'un de bien beau et de bien....

— Tu perdrais ton temps.

— Est-ce que tu aimerais quelqu'un, par hasard ?

— Moi ? Quelle folie ! Ah bien, oui, aimer quelqu'un ! qui, mon Dieu ? pour quelle raison ? dans quel but ?... Je suis contente de mon sort. De quoi ai-je à me plaindre ?... Et puis, je ne peux pas laisser notre père seul.

— Tu le prendrais chez toi.

Michelle reprit, la voix dure :

— Me marier ! me marier ! avoue que tu as des pensées baroques, ma pauvre Pauline. D'abord, je n'épouserai jamais un indifférent ; je veux être aimée. Crois-tu que j'ai envie de me jeter dans les bras du premier venu ? A vingt-et-un ans, on a le droit d'avoir ses idées sur le mariage. Montre-moi donc quelqu'un qui ait pensé à m'épouser. Mais tu ne m'as donc pas regardée une minute ? Oh ! je ne suis pas laide, je le sais ; mais les femmes qui me ressemblent, on ne les aime pas, elles ne sont pas sympathiques. Ne me parle plus de mariage.

— Comme tu t'emportes ! Michelle, comme tu t'emportes !

— A qui la faute ? Tiens ! tu me verras plutôt religieuse que mariée. T'imagines-tu un étranger s'introduisant ici sur ma bonne mine et me débitant un tas de sornettes, afin de me conduire à la mairie, puis à l'église ? Pouah ! j'en ai le frisson... D'ailleurs, je n'aime personne. Je suppose que tu n'as remarqué aucune inclination de ma part ? N'est-ce pas ? Tu te maries, tu aimes, tu es aimée, c'est parfait ! Quant à moi, n'aimant aucun homme, n'étant pas aimée, le mariage me dégoûte. Voilà mon opinion ; tu vois bien que j'en ai parfois des opinions ! Donc, si cela ne te gêne pas trop, changeons de conversation, Pauline... Occupons-nous, veux-tu ?... Allons cueillir des fleurs, celles des vases de la cheminée ne sont plus fraîches. Mettons nos sabots de jardin, prenons des parapluies, et à l'ouvrage ! ce sera charmant.

— Oui, ce sera charmant ! répéta Pauline enchantée.

Elles retroussèrent leurs peignoirs et coururent dans le vestibule où elles ouvrirent des parapluies, après avoir chaussé leurs sabots. Toutes deux riaient. Quand elles eurent ouvert la porte du jardin, celui-ci leur jeta un éclair aux yeux. Il était plein de jour et pimpant sous l'ondée. En face des jeunes filles, un grand soleil immobile se morfondait sur sa tige mince. Michelle et Pauline s'élancèrent, et le clapotement de leurs petits sabots courut entre les allées, sur le sable humide, avec des bruits pareils à ceux d'un ruisseau sur des cailloux. De temps en temps, on les entendait rire et se parler derrière les arbustes, puis tantôt l'une, tantôt l'autre, elles se montraient un bras chargé de fleurs, se baissant, se relevant sans cesse, tandis que la pluie au milieu des plantes bien vertes, sur la terre détrempée, sur les feuilles ruisselantes produisait une même note alanguie et prolongée. Lorsqu'elles avaient une grosse touffe de fleurs, elles revenaient vers le vestibule et la déposaient sur une chaise de cuisine que Constance avait eu le soin d'apporter.

Et déjà elles avaient couché un énorme bouquet sur la vieille chaise. C'était des zinias élégants, des roses à cœur de pourpre, des roses blanches ou jaunes, des œillets et des verveines saupoudrés de nuances douces, de grands soucis qui faisaient penser aux ardeurs des canicules, des coquelicots doubles bariolés comme des arlequins, des résédas, quelques pivoines tardives, des hortensias semblables à des chairs vierges de norwégienne, des tiges de glaïeuls dont les sonnettes violacées à cœurs jaunes se mêlaient aux coupes immaculées des lys et de bien d'autres fleurs encore. Elles y joignirent des branches grêles de tamaris, des grappes de tulipier, des brindilles d'épine à feuilles vineuses. Et après avoir secoué leur moisson imbibée d'eau, elles la portèrent dans la salle à manger.

En face, dans la maison des Poupelart, on faisait de la musique. Mme Poupelart s'était mise au piano, et Aristide chantait. Il avait une voix de ténor assez agréable. La rue était silencieuse. Les deux sœurs entendaient même les paroles qui s'échappaient du gosier de l'homme de lettres. Et c'était des vers d'Henry Céard qu'elles écoutèrent.

> La gaîté flotte éparse en l'air.
> Lace tes brodequins gris clair,

Mets ton corsage en gaze frêle.
Sur ton pas j'ai rhythmé mon pas,
Viens ! on ne reconnaîtra pas
Nos deux têtes sous ton ombrelle.

Mets des rubans ! Quittons Paris.
Les gens de bourse, leurs paris
Gâteraient ce joyeux dimanche.
Viens ! nous irons où tu voudras,
Mignonne ; à mon bras pends le bras
Qui sort demi-nu de ta manche.

La ritournelle se déploya très-jolie. Michelle avait penché la tête. Les fleurs gisaient auprès d'elle, sur la table. — Le grésillement de la pluie contre les vitres ne discontinuait point. Pauline tout-à-coup prise d'un malaise subissait cependant le charme étrange de cette voix et de cette distraction. Aristide reprit :

Qu'importent Meudon ou Saint-Maur !
Pour les galettes où l'on mord
Nos dents seront très-peu sévères.
Si le beurre est vieux, que nous fait !
Nous ne dirons rien au buffet
Du rincement vague des verres.

Qu'importe si dans les sentiers
On s'égratigne aux églantiers !
Si l soir venu l'on s'égare !
Pourvu que chantant et très-las,
On déracine un échalas
Pour s'appuyer jusqu'à la gare.

Une lourde charrette passa dans la rue, agitant la maison, secouant les piles d'assiettes et les verres du buffet. Constance qui récurait ses casseroles le long des fourneaux de sa cuisine fut brusquement prise de gaieté. Tra la la! tra la la! fit-elle. Michelle eut un geste d'impatience et se rapprocha de la fenêtre. Le piano se tut un instant, comme si une conversation s'était engagée entre la pianiste et le chanteur; mais tous deux ne tardèrent pas à se remettre en train.

> Nous courrons par les verts chemins
> Où la nature à pleines mains
> A fait des semailles de joie;
> Et nous nous mettrons à genoux
> Dans l'herbe où tout exprès pour nous
> Le corail des fraises rougeoie.
>
> Viens! nous irons un peu partout
> Monter les canots de Chatou,
> Manger les fritures d'Asnières.
> Devant nous, en marchant tout droit,
> Nous trouverons bien un endroit
> Pour nos caresses buissonnières.

Puis, quand le piano eut rendu un dernier soupir qui tinta dans le silence, Michelle demeura encore l'oreille au guet, comme si les notes plaisantes qui s'étaient envolées eussent dû revenir la troubler délicieusement. Mais aucun bruit ne s'échappa de nouveau, si ce n'est le chant aigre d'un jeune coq que la cuisinière engraissait, un chant qui retentit plusieurs fois.

Alors Michelle se tourna vers sa sœur.

— Eh bien, dit-elle, je crois que nous oublions nos fleurs.

Pauline très-pâle, le front couvert de sueur, semblait prête à défaillir, Michelle se précipita.

— Tu souffres ?

— Oui, un malaise.

— As-tu soif ?

— Oui.

— Mais tu ne t'es pas plainte quand nous sommes revenues du jardin.

— Non,... ça m'a prise tout d'un coup.

Et pendant que Michelle préparait un verre d'eau sucrée à la fleur d'oranger, Pauline se leva.

— Je vais m'étendre sur mon lit, dit-elle.

— Oui, va! je te suis avec le verre d'eau. Tu n'as pas besoin de moi ?

— Non, merci.

Pauline sortit chancelante. Une minute après sa sœur la rejoignit dans leur chambre, et la trouva étendue, brisée.

— Je viens de rendre mon déjeuner. Préviens Constance.

Michelle cria :

— Constance ! ma sœur est malade, montez. Tu devrais te coucher, ajouta-t-elle.

— Non, va ! non.

Mais les vomissements recommencèrent à plusieurs reprises, et Pauline fut obligée de se mettre au lit. Elle ressentait des maux de ventre et des brûlures dans l'estomac.

Jeoffrin ne rentra chez lui que vers les cinq heures. La pluie avait cessé. Ce fut au moment où il accrochait son chapeau à l'une des patères du vestibule que Michelle descendit et lui annonça la maladie de Pauline.

Cette nouvelle ne parut pas l'étonner outre mesure. Son front seul se rida.

— Est-ce qu'on a fait venir un médecin, demanda-t-il ?

— Non, pas encore, lui répondit-on.

Il se renfrogna. Pourquoi n'avait-on pas couru chercher le docteur Lagneau ? Quelle imprudence ! Michelle ne possédait seulement pas pour deux sous d'initiative.

— Désirez-vous que Constance aille tout de suite chez le docteur ?

Il répondit :

— Non.

Il voulait voir Pauline avant de déranger quelqu'un. Après tout, cette soi-disant maladie pouvait n'être qu'une indisposition. Rien ne lui semblait aussi ridicule que de déranger un médecin pour une bêtise. Assez de gens les ennuyaient, ces pauvres médecins !

Il monta près de sa fille. Celle-ci avait un peu de délire. Elle croyait fuir devant des chiens enragés, ou apercevoir des cadavres d'enfants noyés roulant au fond de la mer, entre deux eaux.

Elle était très-rouge, avec les yeux bouffis. Jeoffrin lui tâta gravement le pouls.

— Elle a un peu de fièvre, dit-il. Est-ce qu'elle a vomi ?

— Oui, beaucoup.

— Dans quoi ?

— Constance a tout jeté.

Il respira fortement.

— Constance a eu tort, fit-il. Mais je vois ce que c'est. Rien de grave.

— As-tu faim, Pauline ?

— Non, mon père.

— As-tu soif ?

— Oh ! oui... très-soif.

— Qu'on lui fasse tiédir du vin.

Il alla s'appuyer les reins contre la cheminée. Michelle s'était assise auprès de sa sœur et lui disait :

— Tâche de dormir.

Jeoffrin réfléchissait.

— Michelle, viens me parler, dit-il bientôt.

Ses tempes l'assourdissaient tant elles battaient avec violence. Il entraîna sa fille le plus loin possible de Pauline, derrière la porte ouverte d'un cabinet de toilette, et là, il la tança d'importance.

— Tu n'es qu'une sotte! je suis furieux.

— Pourquoi?

Il s'exprimait sèchement, d'une manière saccadée. Michelle n'y comprenait rien. Il reprit :

— Nous sommes déshonorés. C'est une infamie! Je tordrai le cou à monsieur Octave Blaisot. Toi et ta sœur vous m'avez trompé. Qui t'avait permis de laisser Pauline en tête-à-tête avec son fiancé?... Demain, j'irai à la mairie faire publier les bans... Pourquoi écarquilles-tu tes quinquets comme si je te parlais chinois? sainte-n'y-touche, va!... Tu es plus âgée que ta sœur, tu aurais dû veiller sur elle... Ah ça! est-ce que tu aurais l'intention de m'avaler par les yeux?... Pauline est enceinte.

— Oh! fit Michelle bouleversée, que me racontes-tu?

— Je raconte ce qui est.

— Oh!

— Les as-tu laissés quelquefois seuls ensemble, oui ou non?

— Quelquefois, mais...

— Mais! mais!... il n'y a pas de mais! Nous quitterons les Moulineaux dans huit jours, prépare tes malles. A quoi tient l'honneur des familles pourtant! Un tas de p... éronelles que les femmes! Ah! je vais vous le secouer votre pharmacien. Qu'il vienne ici ce soir, et nous verrons!

— Pauline est bien malade?

— Bien malade! Es-tu folle?

— Cependant, un médecin...

— Oui, un médecin!... c'est bientôt dit!... ton docteur Lagneau, n'est-ce pas? le plus grand bavard de la terre. Un médecin! pour qu'il aille raconter à qui voudra l'entendre que la plus jeune fille de monsieur Jeoffrin n'a pas su attendre l'époque de son mariage, qu'elle accouchera vers le printemps, et que toi ici présente, toi, si tu n'es pas dans la même position, c'est que le hasard est capricieux?

— Oh!

— Gare à Pauline!

Il parut vouloir se diriger vers le lit où la malade sommeillait la face rouge de fièvre, mais Michelle l'arrêta :

— Demain, après-demain, quand elle ira mieux dit-elle suppliante; ménage-la aujourd'hui. Pense donc! elle pourrait tomber malade pour tout de bon, si elle savait que tu connais sa faute.

— Soit, répondit-il, elle ne perdra rien pour attendre.

A ce moment, Pauline s'éveilla. D'horribles

efforts secouaient sa poitrine. Les épaules nues, appuyée sur un bras, sa chevelure pendante, elle penchait la tête au-dessus d'une cuvette en porcelaine que lui tenait Michelle; une sueur froide perlait sur son front.

— Pauvre petite Pauline! murmurait sa sœur, pauvre petite Pauline!

Et Pauline, les larmes aux yeux, la peau marbrée, s'abandonnant, laissait tomber d'épais crachats qui coulaient sur la blancheur calme de la cuvette. Entre les râles, elle se plaignait.

Pendant ce temps, Jeoffrin qui avait quitté la chambre disait à la cuisinière :

— Constance, nous n'y sommes pour personne, pas même pour monsieur Octave Blaisot, vous m'entendez !

— Bien, monsieur.

Trois jours après, un matin que le soleil se levait très-doux et déjà très-chaud dans un poudroiement d'or impalpable, Pauline mourut.

Dieu sait cependant si son père et sa sœur l'avaient soignée. Durant sa courte maladie, Jeoffrin s'était apaisé peu à peu; on l'avait même vu bon et attentif, la veillant, la consolant, lui préparant des potions, ne parlant presque plus de cet honneur de la famille placé par lui sur un inabordable piédestal.

Michelle, tout d'abord, n'avait pas voulu croire

à la culpabilité de sa sœur ; mais, le second jour de la maladie, comme Pauline à bout de forces lui avait demandé aide pour se remuer, elle lui avait touché l'estomac par mégarde, et celle-ci avait poussé un cri épouvantable. Michelle très-ignorante, en avait conclu que les conjectures de leur père ne manquaient pas de fondements. Jamais une agonie ne s'était montrée à elle dans son horreur grandiose. La mort de Pauline lui produisit une ineffaçable impression. On n'assiste pas impunément à de tels spectacles. Tout-à-coup Pauline avait frissonné ; elle avait claqué des dents ; le souffle furieux d'une tempête intérieure lui avait tordu l'estomac, bouleversé la respiration, puis, après quelques cris dont la grande chambre bleue s'était attristée, la pauvre petite fiancée n'avait plus bougé. Chère Pauline !

Et maintenant, depuis que sa fille n'existait plus, voici que Jeoffrin était venu dire que malheureusement, effroyablement, les premiers symptômes de maladie l'avaient abusé, que son enfant n'avait pas démérité de lui, que mille remords l'accablaient, qu'une fatalité inexplicable s'était acharnée à lui faire refuser la présence et les secours d'un médecin. Ah ! Pauline non plus n'avait pas de chance. Et Michelle pensait : quand le malheur cessera-t-il de me poursuivre ? Quelle providence aveugle s'est ainsi permise d'écraser ma Pauline, ma jolie petite fillette gentille comme un cœur et bonne comme du pain?

Oui, à présent, cette Pauline si délicieusement sotte et gracieuse ne ressemblait plus à une églantine rose, mais à une pâle fleur de cimetière inerte et flétrie. Seule sa chevelure blonde paraissait encore vivante et joyeuse tant elle s'embrouillait autour de son front blême, emplissant d'ombre froide le creux des yeux fermés.

Quelques heures après la mort de Pauline, Constance avait couru chez Barbelet, puis chez Octave Blaisot. Le commissaire de police **terrifié** n'en revenait pas. Apprendre ainsi qu'une pareille enfant était morte, à la fleur de l'âge, si vite! Brrr! Cela pouvait s'appeler une surprise désagréable!

Il arriva donc à la maison de Jeoffrin et monta dans la chambre d'où la trépassée ne devait plus sortir que les pieds en avant. Jeoffrin et lui se serrèrent la main, sans une parole. Michelle lui sauta au cou en criant presque. Puis, tous trois restèrent debout devant le lit. Ils pleuraient... Barbelet finit par secouer la torpeur qui le clouait au parquet.

— A-t-on été prévenir à la mairie? demanda-t-il.

— Non, pas encore.

— Va me chercher ton acte de naissance,

celui de ta femme, et j'irai faire la déclaration. Ne t'inquiète de rien; je m'occuperai des pompes funèbres. Quelle sorte d'enterrement veux-tu?

— Agis pour le mieux.

— Sois tranquille. — Tu sais, ajouta-t-il à voix basse, en s'adressant à Jeoffrin, on viendra sans doute la chercher demain matin,... à cause de la saison.

Celui-ci répondit :

— Déjà ?

Et il s'en alla brusquement, comme s'il ne voulait pas qu'on lui surprit une larme.

Sur ces entrefaites, Octave Blaisot arriva effaré. Il sanglotait depuis Vaugirard. Les parements de sa redingote étaient tout mouillés. Jeoffrin lui donna la permission d'embrasser Pauline. C'était donc pour lui montrer sa fiancée morte qu'on lui avait fermé la porte au nez pendant trois jours ! Il ne pouvait se tenir sur ses jambes tant sa poitrine et son ventre se soulevaient.

Il murmura qu'il avait un point de côté, à force de pleurer.

Bref, le médecin des morts constata le décès ; l'abbé Roche vint dire un bout de prière; les pompes funèbres préparèrent les lettres P. J.; les invitations pour la cérémonie du lendemain furent distribuées à temps.

Jcoffrin, Michelle, Octave Blaisot et madame Poupelart se réunirent vers les neuf heures du soir, et la veillée mortuaire commença. Deux hommes et deux femmes, une vraie partie carrée, sans compter le cadavre. Oh ! on en avait vu de plus gaies que celle-là, par exemple ! La nuit était très-belle. Pauline abattue, un soleil torride avait séché les routes. Vers les onze heures, la chaleur devint si incommodante qu'on fut obligé d'ouvrir les deux fenêtres de la chambre. Aucun souffle ne troublait la sérénité radieuse du ciel où des milliards d'étoiles s'amusaient à produire un papillotage magique. Par moments, un profond soupir s'exhalait de la poitrine d'Octave Blaisot. Michelle désolée, à genoux contre le lit, se rappelait sa sœur vivante, et s'absorbait assez pour entendre le tapage clair d'anciens éclats de rire et de gaîtés qui n'en finissaient plus.

A sa droite, on apercevait le profil sérieux de Pauline sur lequel une bougie promenait des balancements d'ombre vague. Jeoffrin assis dans un coin obscur ne bronchait pas. Madame Poupelart crut qu'il dormait et s'approcha de lui, mais elle recula un peu effrayée. Les deux prunelles de l'ancien horloger lui étaient apparues mystérieuses et fixes. Michelle quitta le chevet de sa sœur et s'assit sur une chaise en face du pharmacien.

Personne ne parlait. La première réflexion qui prit une forme dans l'esprit de la jeune fille faillit la rendre folle : maintenant que Pauline était morte, pour quelle raison n'épouserait-elle pas Octave Blaisot, à la fin de son deuil ? Longtemps elle fouilla cette pensée, la tournant, la retournant dans tous les sens avec une tranquillité fiévreuse, puis se gendarmant contre elle, essayant de la chasser sans y parvenir. Sa conscience avait beau lui reprocher ces idées qu'elle sentait horribles dans un pareil moment, nulle révolte ne se soulevait en elle assez violente pour la débarrasser de la subtile persécution. La malheureuse enfant ne se comprenait plus. A quel degré d'abjection était-elle donc tombée pour qu'une semblable idée la persécutât ainsi? Elle ne se doutait point qu'on n'est pas maître de ses pensées, et que les gens ne sont jamais coupables quand une hantise les étreint.

Michelle souffrait, mais sa physionomie fatiguée ne trahissait pas la lutte intérieure qui la martyrisait. Elle n'osa plus regarder la placide figure de sa sœur, ni l'image immobile découpée en noir sur la mousseline blanche du rideau ; elle eut peur de les voir se contracter, car l'impassible espoir montait toujours et l'envahissait comme un flux, avec les couleurs chatoyantes d'une réalité, avec l'entêtement d'une chose heureuse, entrevue et possible. Plus elle essayait de le repousser, plus il s'acharnait sur son esprit affaibli par la douleur, mais parfois consolé.

Elle oublia si bien le voisinage de la morte qu'elle se vit dans l'appartement du pharmacien, rue de Vaugirard, au premier, tantôt agrafant son corset dont les baleines craquaient, tantôt riant à son bonheur et s'asseyant devant le comptoir dans la majesté froide d'une reine de boutique. Elle passa en revue tous les meubles d'Octave Blaisot : le lit, l'armoire à glace, les chaises recouvertes de tapisseries où des pigeons, des chiens ornés de grelots, des chats blancs avec des colliers bleus étaient aplatis, le tapis en moquette. Elle poussa l'oubli du moment jusqu'à se dire : Un jour viendra où je lui reprocherai de m'avoir préféré Pauline. Un tel rêve de joie la secoua tout-à-coup qu'elle se leva, et que, pour se punir, elle faillit crier : battez-moi, souffletez-moi comme papa l'a fait, je suis une misérable ! J'aime Octave, et je souhaite me marier le plus tôt possible. Plus d'obstacles ! il n'y a plus d'obstacles ! foulez-moi donc aux pieds !... Mais elle se contenta de se diriger vers une fenêtre, de s'y accouder, de respirer à pleins poumons l'air tiède qui flottait dans la splendeur nocturne, et de se lacérer la poitrine à travers son peignoir.

La maison d'Aristide s'allongeait très-distincte,

une de ses vitres incendiée par de la lumière. Derrière un hangar, un bloc d'arbres pareil à un énorme rocher dressait sa masse compacte. La rue silencieuse et grise se perdait à un détour, presque fondue avec le ciel dans une obscurité laiteuse. Assez loin, sur une colline plus haute que le village, un long mur couvert d'un badigeon d'ocre jaune ondulait comme un serpent chargé de rayons lunaires. A chaque instant, des étoiles s'éteignaient pour se montrer de nouveau plus brillantes. Le calme de la nuit était plein de vibrations incompréhensibles. Une horloge, celle de l'église d'Issy, sonna faiblement trois heures. Elles retentirent comme des plaintes..

Michelle quitta la fenêtre et revint auprès du lit. La toute puissance d'Octave Blaisot ne la tracassait plus, elle comprit ce que la mort signifiait rigide sous un drap blanc. Alors elle s'agenouilla auprès de Pauline et pria passionnément, et la prière qu'elle sut pousser vers le dieu de ses croyances lui répandit dans la tête un peu de la sérénité qui planait.

Dès quatre heures du matin, au-dessus de la maison des Poupelart, le ciel s'enflamma. De fines barres d'argent lavé de rose s'empilèrent les unes sur les autres, puis elles s'accentuèrent et s'élargirent coulant dans l'aube grise avec une lenteur épaisse. Bientôt des banderolles claires de vermillon et d'outre-mer se mirent à percer. Cela ressemblait à des flots chassant d'autres flots. On les apercevait très-minces d'abord, presque imperceptibles, dans des lointains de brume houleuse, et ils avançaient. Autour d'eux, au-dessus d'eux surtout, l'atmosphère s'emplissait de jour. Un instant, les roses de Chine et les verts de mer pâles tinrent l'horizon, mais ils furent dispersés par des envahissements d'or et de nuages cuivrés de rouge. L'allégresse des cieux était immense. Il y eut un quart d'heure où toutes les nuances disparues revinrent se mêler aux vapeurs triomphantes. Ce fut un phénomène auguste. L'apothéose approchait. Des torrents de pourpre en fusion se répandirent derrière les couches multicolores, l'azur irradia comme une fournaise, et le soleil tranquille apparut dans sa gloire de victorieux flamboyant.

Cependant les coqs faisaient un vacarme de tous les diables. Cocorico! Cocorico! les basse-cours s'éveillèrent. Le jour avait allumé les vitres des croisées, et il se vautrait dans les rues, cabriolant sur les feuilles d'arbres, se roulant sur les ardoises bleuâtres des toits, se glissant à travers les rideaux jusque sous les meubles, au fond des maisonnettes closes. Aux premières lueurs qu'il avait éparpillées, les oiseaux avaient ouvert l'œil, puis, après avoir secoué leurs petites plumes, ils s'étaient envolés. On les entendait qui s'égosillaient. Les moindres choses suaient la vie. Des vols d'hirondelles babillardes cherchaient leur déjeuner du matin. Non loin de la maison des Jeoffrin, dans les ifs des demoiselles Thiry, une bande de moineaux amoureux se disputait des femelles à grands coups de bec. Ils piaillaient à qui mieux mieux. Çà et là des volets s'ouvraient, et des ménagères dépoitraillées se montraient aux fenêtres, se jetant un bonjour, se retournant vers l'intérieur de leurs chambres pour causer. Quelques vaches mugirent très à l'aise d'avoir si bien dormi, réclamant une botte de paille ou de luzerne. A présent la rue retentissait sous les sabots et les gros souliers des travailleurs qui s'en allaient à leurs fabriques ou dans les champs. Le fumier des fermes exhalait une bonne odeur de purin. Des troupes d'oies et de canards se promenaient gravement. Un beau temps, hein? se répétait-on. Chacun se frottait les mains. Ce matin-là, les malades devaient se sentir tout gaillards dans leur lit. De tous côtés, des voitures et des charrettes se croisaient. Clic! clac! hue! Les boutiquiers en manches de chemise causaient sur le pas des portes. Il fera chaud aujourd'hui. — Prenons-nous un verre de sec?

— Ça me va. — Moi, je ne suis pas réveillé tant que je n'ai pas bu un coup. — Ni moi. Hé!

Nicolas ! trinquons-nous, ce matin ? — Tout de même. C'est-y vrai que la blondinette du père Jeoffrin a cassé sa pipe ? — Oui. — Tiens! tiens! Bah ! un peu plus tôt, un peu plus tard, c'est quif-quif! pas vrai ? L'enterrement est pour dix heures ?

— Yes.

Tout-à-coup, au milieu des cris de toutes sortes, des grincements, des cahotages, des bruits de la matinée, du va-et-vient continu, du vacarme cadencé d'une forge, un orgue de Barbarie entonna l'*Amant d'Amanda*. Il éclata si drôlement, avec de tels soubresauts de gaité, que chacun en soi-même mettait les paroles sous la musique. Il y eut un jeune plâtrier en blouse blanche qui gueula en passant devant la maison de Jeoffrin :

> Voyez ce beau garçon-là,
> C'est l'amant d'A
> C'est l'amant d'A.
> Voyez ce beau garçon-là
> C'est l'amant d'A-manda.

Et il termina son aubade par une tyrolienne.

Dans la chambre mortuaire Octave Blaisot avait tressailli. L'amant d'Amanda c'était lui, et Pauline était morte. La chanson paraissait l'avoir désigné. Alors il sanglota sous la curiosité malencontreuse de Jeoffrin, de Michelle et de madame Poupelart dont les regards s'étaient instinctivement portés sur sa figure.

Constance donna vingt sous au joueur d'orgue en le priant d'aller plus loin. Celui-ci accepta les vingt sous et partit ; mais à une dizaine de maisons de là, il s'arrêta de nouveau. Le second air qu'il joua fût les *Pompiers de Nanterre*. Et il le fit suivre de quatre morceaux du même genre.

Or, tandis qu'il s'escrimait après son orgue, le menuisier à qui on avait commandé le cercueil de Pauline, un cercueil en chêne, l'apporta sur une brouette. Un de ses apprentis le suivait. Ils déposèrent la fameuse boite sur deux chaises, devant la cheminée de la chambre bleue, puis ils descendirent à la cuisine où Constance leur servit une bouteille de vin qu'ils dégustèrent lentement, avec une satisfaction compréhensible, tâchant néanmoins, par politesse, de s'intéresser au malheur de la famille Jeoffrin.

Il était huit heures et demie. Madame Poupelart quitta Michelle pour aller faire un bout de toilette et réveiller son mari.

Il ne resta plus auprès du corps que Barbelet, Jeoffrin et sa fille. La bière qui gisait à côté d'eux avait ravivé leur sensibilité. Les joues de Michelle étaient très-fraîches, malgré sa nuit d'insomnie, à cause du temps. Le soleil influait sur sa peau. A neuf heures, les croque-morts arrivèrent. Ils étaient quatre, trois grands et un petit qui pour toute barbe avait une longue mouche sous la lèvre inférieure. Un maître des cérémonies les accompagnait, un gros court dont les bas noirs luisaient sur une paire de mollets superbes. Lorsqu'ils entrèrent dans la chambre mortuaire, ils s'inclinèrent tous profondément, avec la même grimace ; ensuite, pendant que les quatre croque-morts déposaient leurs chapeaux de toile cirée à la queue-leu-leu sur le marbre de la commode, le maître des cérémonies jetant son claque sous son bras droit, la démarche digne, s'approcha de Barbelet et lui demanda :

— Vous êtes le père de la morte ?

Celui-ci répondit :

— Non.

Alors, se dirigeant vers Michelle qui sanglotait :

— Mademoiselle est sans doute une proche parente ? dit-il.

A ce moment, un tapage d'échelles qu'on maniait, et de clous qu'on enfonçait à violents coups de marteaux ébranla le parquet de la maison. Et comme Jeoffrin, Michelle et Barbelet se regardaient de plus en plus émotionnés, le maître des cérémonies se crut obligé de dire pour les rassurer :

— Soyez sans inquiétude, ce sont les tentures qu'on cloue, et le vestibule qu'on arrange.

Puis s'adressant à Jeoffrin :

— Monsieur serait-il le père de la morte ? redemanda-t-il.

Jeoffrin fit signe que oui.

— Dans ce cas, il est temps de faire vos adieux à...

Ne sachant comment terminer sa phrase, le maître des cérémonies acheva sa pensée en montrant le cadavre. Son geste fut si éloquent que les quatre croque-morts échelonnés le long de la commode à la suite de leurs chapeaux commencèrent à s'agiter.

Barbelet saisit la main de Jeoffrin. Michelle prête à défaillir se précipita sur le corps de Pauline qu'elle souleva presque dans un enlacement éperdu.

Un instant les croque-morts eurent l'air de s'embêter considérablement.

Barbelet lâcha la main de Jeoffrin et s'approcha de Michelle maintenant étendue sur Pauline, et il essaya de la relever, de l'entraîner hors de la chambre, mais elle se débattit et cria au milieu des sanglots qui lui coupaient la parole :

— Non,... tout-à-l'heure, non ! non !.. laissez-moi l'embrasser encore une fois.

Alors le maître des cérémonies souffla ces quelques mots à l'oreille de Barbelet :

— Elle est sensible, très-sensible, ne la tracassez pas. Nous avons le temps. Les jeunes filles ont la manie de ne pas vouloir se séparer des cadavres.

Michelle glissa du lit par terre. Elle venait de s'évanouir. Barbelet courut vers elle.

— Jeoffrin, monsieur Blaisot, aidez-moi donc à l'emporter, dit-il.

Ni Jeoffrin, ni le pharmacien ne bougèrent. Un engourdissement leur liait les jambes. Le maître des cérémonies trépignait.

Il finit par dire à un des croque-morts :

— Barbaroux, aidez monsieur à emporter mademoiselle.

Barbaroux se dirigea vers Michelle, puis, une!... deux! du même geste qui lui servait à empoigner les cadavres, il la souleva par les pieds.

— Une plume! murmura-t-il, la belle enfant pèse moins qu'une plume.

Le commissaire de police et lui déposèrent la jeune fille dans une pièce voisine. Octave Blaisot et Jeoffrin les avaient suivis machinalement. La porte se referma derrière eux.

— Houp! le son; ou est le son? demanda le maître des cérémonies. A l'ouvrage! nous voilà tranquilles.

— Le son ?

On chercha le son. Où diable se cachait-il ? Ah ! quand on avait besoin de quelque chose, on était sûr de ne pas mettre le nez dessus.

Barbaroux entra, il tenait un sac à la main.

— Vl'à le son ! fit-il. Un beau temps aujourd'hui, hein ?

Le petit croque-mort à la mouche hérissée répondit :

— Oui, un beau temps. On a du plaisir à emballer le monde au moins, les jours où il ne pleut pas. Moi, quand je suis enrhumé, je ne vaux pas une chiffe.

Il décocha un long jet de salive qui s'allongea sur le parquet ; puis s'adressant au plus haut de ses confrères, un tout jeune homme très-maigre dont les manches courtes découvraient les poignets :

— Malingoix, lui dit-il, c'est étonnant comme tu ressembles à ta sœur.

Malingoix répondit :

— Ça se peut.

Maintenant que la bière s'ouvrait béante, Barbaroux y versait des flots de son. Une forte odeur de phénol et de chlore empestait la chambre. Malingoix se boucha le nez.

— Non, je ne pourrai jamais m'habituer à cette infection-là, fit-il.

Barbaroux le traita de fainéant. Le maître des cérémonies le gourmanda :

— Voyons, Malingoix, faut-il qu'on vous envoie chercher un bouquet de violettes ?... Monsieur se parfume-t-il à l'eau de roses, ou à l'eau de lavande ?

Le petit croque-mort s'écria de nouveau :

— Malingoix, jamais tu n'as plus ressemblé à ta sœur que ce matin.

C'était une scie qu'il lui montait. Et une fois que le son du sac eut passé dans la bière, les croque-morts se mirent à l'étaler. Ils étaient comiques à voir ainsi penchés tous les quatre sur le cercueil, ne montrant que leur derrière dont la position relevait les pans gonflés comme des queues d'oiseaux noirs. Ils avaient l'air de becqueter le son au fond de la boîte.

Non loin d'eux, le cadavre de Pauline était raide sous le drap qui devait lui servir de linceul.

Sur ces entrefaites, Constance la cuisinière ouvrit la porte. Elle venait donner un dernier coup d'œil aux préparatifs. Elle soulagea donc la poitrine de Pauline du crucifix qui la coupait d'une tache sombre, acheva d'arranger le linceul autour de la morte, et choisit un oreiller qu'elle déposa dans la bière.

Puis, en deux temps et trois mouvements, cette

pauvre Pauline fut étendue sur le lit de son. L'opération terminée, Malingoix qui comprenait l'économie, malgré son jeune âge, souffla la bougie dont la mèche s'entoura de fumée au dessus de la table de nuit.

Il s'agissait maintenant, selon l'usage, de prévenir la famille, afin qu'elle pût embrasser encore la morte déjà prête à quitter la maison.

De plus en plus digne, à pas comptés, le maître des cérémonies se dirigea vers la chambre où Jeoffrin, Barbelet et Octave Blaisot s'occupaient de Michelle évanouie. Et aussitôt après avoir indiqué sa présence par deux ou trois coups discrets contre la porte, il demanda :

— Désirez-vous voir une dernière fois ?

Jeoffrin et Octave le suivirent. Lorsqu'ils pénétrèrent de nouveau dans la chambre mortuaire, les quatre croque-morts causaient près d'une croisée ouverte, dans un rayon dont quelques lames doraient la poitrine de Pauline. Elle était navrante ainsi séparée en deux par le soleil, les bras allongés sous le linceul, la tête presque enfouie au milieu des plis de l'oreiller, la face d'autant plus sombre qu'une éclatante lumière jouait au-dessous d'elle. Le pharmacien tomba sur les genoux. Jeoffrin, l'œil sec, le front labouré de rides alla se placer au pied du cercueil, et là, dans une contemplation muette, il regarda le visage de sa fille qui lui apparut surnaturel, déjà un peu effacé à travers le voile de soleil chaud. — Et pendant cinq longues minutes il fut tout à elle dans un paroxysme nerveux. Quelles pensées échangèrent-ils ? Une espèce de colloque incompréhensible s'était établi entre le père vivant et l'enfant morte. Implora-t-il un pardon ? le pardon de quelque forfait lâchement commis ? Lui donna-t-il un dernier ordre ? celui de ne pas l'accuser si, par hasard, un Dieu vengeur se dressait devant elle ? Peut-être.

Soudain il s'approcha de la tête de Pauline, l'examina encore, la baisa au front, puis se tournant vers Octave Blaisot :

— Embrassez-la, vous aussi, dit-il.

Le pharmacien lui obéit, et tous deux sortirent de la chambre.

Aussitôt leur départ, le linceul fut rabattu sur le visage de la morte ; on assujettit le couvercle de la bière, et Barbaroux, un tourne-vis à la main, pria Malingoix de venir l'aider. Le jeune croque-mort soufflait dans les trous afin de chasser la sciure, son camarade enfonçait les vis. Elles mordaient le bois en criant. Quand Barbelet arriva pour faire ses adieux à Pauline, il était déjà trop tard, elle venait d'accomplir sa deuxième étape vers la tombe ; les quatre croque-morts descendaient le cercueil dans le vestibule où l'attendait un tréteau à roulettes. Et l'opération terminée, ils filèrent chez un marchand de vins. Là, ils burent trois litres, presque rien, la dose nécessaire pour se remettre le cœur en place, en attendant le départ du convoi. Quant au maître des cérémonies, très-intrigué par le résultat futur de la situation politique, se demandant lequel du Maréchal ou de la Chambre l'emporterait, le bicorne sur la tête, il se promena devant la maison mortuaire dont la porte était encadrée de draperies blanches à franges noires.

Petit à petit les invités arrivaient. En leur qualité de voisins, les Poupelart faillirent se faire attendre. Cette fois, ils traînaient leurs deux moutards qui sautillaient et se taquinaient comme à une partie de plaisir. En un quart d'heure une vingtaine de personnes furent réunies dans le salon havane. Il y en eut dont la gaîté ne s'éteignit que devant le cercueil allongé sous les lueurs inutiles et palpitantes de six cierges. D'autres s'étaient composé un visage de circonstance tout-à-fait congru. On tirait au cadavre le coup de chapeau du devoir, et on allait saluer la famille. Jeoffrin distribuait des poignées de mains aux hommes; Michelle tendait ses joues aux femmes; puis on s'asseyait, chacun très-embarrassé de ses jambes, de ses bras et de son chapeau. Ce moment fut le seul de la journée où les invités se montrèrent à leur avantage; car aussitôt le cercueil hissé sur la voiture, aussitôt les bouquets et les couronnes déposés sur le drap du cercueil, aussitôt le cortége en route pour l'église, le ciel était si bleu, la chaleur si bienfaisante que les visages s'épanouirent. Deux groupes s'étaient formés à la suite du corbillard, celui des hommes et celui des femmes. Jeoffrin au bras de Barbelet marchait le premier. Derrière eux, Octave Blaisot, Aristide et son fils, Guy de Lassalle, Segurola, le jardinier Nicolas et quelques individus formaient un groupe compact. Une quinzaine de femmes escortaient Michelle, madame Poupelart et sa fille qui pleuraient comme des Madeleines. La petite brune sanglotait à fendre l'âme. On l'aurait prise pour une plus proche parente que Michelle. Des conversations s'engagèrent, et le bruit des voix monta dans l'air tiède. Ah! quel soleil! quelle journée il allait faire! — Si j'avais su, j'aurais emporté mon ombrelle. — On ne peut pas penser à tout. Heureusement! sans ça, on ne rirait pas souvent. — Eh bien, ils en faisaient *de la belle ouvrage*, les députés de la Chambre! un tas de Jean-fesses! — Jean-fesses? des gens qui veulent le bonheur de la France? Ils avaient joliment tort de s'exténuer pour être traités de Jean-fesses.

L'ainée des demoiselles Thiry n'avait pas déjeuné; aussi était-elle sûre d'avoir des crampes d'estomac.

L'épicière du coin entama l'éloge de la défunte. En voilà une qui ne disait jamais un mot plus haut que l'autre! toujours contente! huit jours avant de mourir, elle lui avait encore acheté un quart de pastilles au miel. Et dire qu'on la portait en terre! Aurait-on pu se douter de la chose, quand on la voyait passer leste comme une souris, et gentille à l'embrasser, dans son costume d'été à raies roses.... Et puis, elle avait de si beaux cheveux, de la soie! avec ça bon cœur, ce qui ne fait jamais tort, car les gens qui n'ont pas de cœur, bernique!... Ce pauvre monsieur Blaisot! ce pauvre monsieur Jeoffrin! cette pauvre demoiselle Michelle!

La seconde des sœurs Thiry, une jeune fille d'une cinquantaine d'années, au menton pointu, disait:

— Quand on a enterré ma mère, le temps était beau comme aujourd'hui. Les affections de famille sont les seules vraies. On n'aime jamais personne autant que sa mère. Si je me marie, ce qu'à Dieu ne plaise! si j'ai des enfants, il me semble que je les aimerai bien, mais pas de la même manière, non! pas de la même manière.

Elle souligna la fin de sa phrase par un clignotement d'yeux.

Une petite veuve qui vivait de ses rentes, et habitait la maison contiguë à celle des Jeoffrin se rappela tout-à-coup qu'elle avait laissé la fenêtre de sa cuisine ouverte, et un morceau de bœuf « à la traîne » sur le fourneau. Et elle voulut retourner chez elle pour sauvegarder contre les chats, ces sales bêtes! ce morceau de bœuf, son dîner. On eut toutes les peines du monde à lui démontrer qu'elle ne pouvait quitter le cortége sans manquer aux convenances.

— Un morceau de bœuf! voilà-t-il pas une belle affaire à regretter! lui disait l'épicière.

— Ben tiens! répondait la veuve; c'est de quoi ne pas mourir de faim pendant un jour. Je voulais le faire sauter dans la poêle avec un reste de pommes de terre et des oignons.

L'épicière finit par l'inviter à dîner pour le soir même.

Guy de Lassalle confiait à Segurola qu'un de ses amis l'avait mené, tout dernièrement, chez une femme très-chic qui ressemblait à Michelle.

— Si vous voulez, je vous présenterai, ajouta-t-il.

Et comme le musicien refusait avec beaucoup d'amabilité, très-touché de la proposition, Guy reprit afin de l'encourager :

— Elle se nomme Paquita. Vous savez, elle est bonne musicienne; il y a un piano dans son salon. Avant-hier, elle m'a joué les plus jolis airs de la Dame blanche et de Mignon.

Alors Segurola lui répondit froidement :

— Moi, je n'aime que le Wagner.

Guy n'insista plus, mais il se plaignit de la cherté des femmes; puis il déclara que s'il avait eu à choisir entre les deux demoiselles Jeoffrin, il aurait préféré Michelle.

— Celle-là vaut au moins qu'on fasse des bêtises pour elle, proclama-t-il en terminant.

Nicolas disait :

— Les loirs mangent tous mes fruits. Une vraie engeance de voleurs! Les piéges ou les cailloux du chemin, c'est quif-quif pour ces guerdins-là. Tant plus on en détruit, tant plus il en revient. — C'est-y de la poitrine qu'elle est morte la plus jeune du père Jeoffrin?

— Je l'ignore.

— Ça ne vous ferait-y rien de m'montrer son promis?

— Non. Tenez, le voyez-vous? à droite, derrière monsieur Barbelet,... un gros brun...

— Vrai?

— Puisque je vous le dis.

— Mais je l'connais, mais, sacr'nom, je l'connais; mais pas plus tard que l'aut'dimanche, il m'a vendu pour une pièce dix sous d'pommade. Il faut vous dire que mon dernier a la teigne; s'agissait de l'guérir. Alors ma femme et moi nous y avons frotté la tête avec c'te pommade. Il criait! il criait!... on n'est pas le bon Dieu, j'te lui ai flanqué une gifle! oh! la la, j'vous réponds qu'ça y a coupé le sifflet.

— Que ça l'a fait taire, vous voulez dire?

— Bon! qu'ça y a coupé le sifflet, qu'ça l'a fait taire, c'est quif-quif. — A propos, m'sieur Lecoupey, vous qu'êtes amateur d'oiseaux, j'ai trois beaux chardonnerets à vot'service.

— Pour combien?

— Pour trente sous.

— Trente sous?

— Oui m'sieur.

— Eh bien, vous les garderez longtemps vos chardonnerets.

— Faudrait-y pas vous les donner?

— J'aimerais mieux ça.

— Bon sang d'bon sang! j'vous les donne... pour vingt-cinq sous.

— Je ne veux pas vous les payer plus de dix sous.

— Vingt sous.

— Non, dix sous.

— Quinze sous.

— Dix sous.

— Dix sous? mais m'sieur Lecoupey, j'leur z-y marcherai plutôt sur la tête que d'les vendre à ce prix-là.

— Libre à vous.

— Eh bien, mille millions d'loup-garous, j'n'aurai pas l'dernier avec vous, prenez-les pour onze sous.

— Marché conclu! Vous me les apporterez demain matin.

Le convoi entra dans Issy. Il avançait au milieu de la rue, fendant la foule, laissant derrière lui comme un sillage de passants.

Le soleil était si brûlant que chacun marchait tête couverte, par crainte des insolations, même Jeoffrin. Le spectacle de cette vie qui tourbillonna brusquement autour de Michelle lui causa une forte secousse. Depuis le départ des Moulineaux, elle n'avait pas cessé de regarder la terre, n'osant lever les yeux sur l'avenue qu'elle avait tant de fois parcourue avec Pauline; et maintenant, tous ces hommes, toutes ces femmes qui défilaient le long du cortége, accaparés par leurs affaires, indifférents, ne levant à peine leurs chapeaux, l'enlevèrent une minute à l'intensité de sa douleur. Mais elle ne tarda pas à incliner de nouveau le front. Elle avait aperçu Octave Blaisot à quelques mètres d'elle, Octave absorbé, dont les cheveux noirs très-lisses reluisaient sur son cou un peu gras. Les pensées qui avaient assailli la jeune fille durant une partie de la nuit précédente la poursuivirent encore. Décidément elle appartenait au pharmacien, elle était devenue sa propriété, sa chose. Pourquoi se défendait-elle contre lui? Pauline morte, pourquoi ne la demanderait-il pas en mariage, plus tard, par sympathie?

On avait vu des aventures plus drôles que celle-là! N'importe! la vision de Pauline mécontente se dressait sans cesse comme un remords devant Michelle, et lui reprochait de vouloir s'édifier un bonheur avec les débris du sien. Oui, Pauline! Pauline! toujours Pauline! une ennemie implacable et en même temps une sœur aimée, regrettée. Deux affections rivales luttaient dans l'esprit de cette femme qu'elles avaient choisie pour champ de bataille. Et tantôt l'une, tantôt l'autre la dominaient, sans jamais remporter une victoire décisive. N'était-ce pas pitoyable?

Les cloches de l'église d'Issy commencèrent à tinter. Elles sonnaient déjà bien tristement le soir où Michelle, éblouie par la splendeur large d'un Paris éteint sous le crépuscule, les avait entendues lui parler d'avenir, de projets anéantis; mais aujourd'hui, comme leurs voix étaient plus lugubres encore! comme leur glas se traînait lamentable dans la matinée! Ah! oui, elles pouvaient carillonner, Pauline n'en reviendrait pas pour ça! Une sotte invention que ces cloches, d'ailleurs! N'auraient-elles point annoncé aussi facilement le mariage d'Octave, si la mort n'était pas venue s'y opposer. Tin, tin! tin, tin! elles devenaient assourdissantes.

Malingoix s'approcha de Jeoffrin et lui dit :

— Quand il vous faudra des couronnes, je vous conseille de les acheter rue de Boulogne, chez Monfourny. En venant de ma part, elles vous coûteront moins cher, et vous rendrez service à un bon diable.

Le corbillard s'arrêta. Les portes de l'église s'ouvraient béantes. A travers le demi-jour gris de la nef, on distinguait les cierges de l'autel alignés comme des gardes d'honneur. Les gens de l'enterrement se précipitèrent. L'église était plus fraîche qu'une grotte. Chacun avait attendu avec impatience le moment de s'asseoir. Il se fit un grand remue-ménage de chaises, puis ouf! plus rien, on se reposa; une satisfaction douce enlaidissait les visages des invités. A la bonne heure! les prêtres avaient bien raison de le dire : le chemin du paradis est pavé d'épines. Aussi, les pieds chauds, les jambes engourdies par un bien-être qui séchait la sueur, la poitrine à l'aise, les reins mous, la raie du dos pleine d'une moiteur agréable, on s'abandonnait. Michelle était méconnaissable. Jeoffrin semblait à l'épreuve du chagrin.

L'abbé Roche enveloppé d'une chape noire brodée d'argent, précédé par un porte-croix, suivi d'une paire d'enfants de chœur et de son vicaire en surplis blanc, marcha au-devant du cercueil que les quatre croque-morts apportaient. Les orgues poussèrent un glapissement; puis une petite musique chevrotante, une susurration prolongée se répandit sous les arceaux. On eût juré qu'une assemblée de vieilles femmes implorait de Saint-Pierre un billet de faveur pour le paradis. Le cercueil fut poussé dans le catafalque.

De nouveaux invités arrivaient à chaque minute, et ils grossissaient le nombre des assistants, de sorte que Pauline ne paraissait pas trop abandonnée. L'abbé Roche commença l'office des morts. Au dernier rang des chaises, il y avait deux entrepreneurs, l'un de plomberie, l'autre de menuiserie, des connaissances de Jeoffrin, qui faisaient à eux seuls autant de tapage que dix personnes. Ils avaient déjeuné ensemble avant de venir, et comme ils avaient ingurgité quelques bouteilles d'excellent Pouilly, et comme ils avaient ri à proportion du vin qu'ils avaient bu, ils se vautraient l'un contre l'autre, très joyeux, les cheveux coupés en brosse, l'un possesseur d'un large collier de barbe jaune, les yeux verdâtres, le nez rouge, le ventre proéminent; l'autre rasé de frais, énorme des épaules, on ne peut plus robuste, avec des pieds et des mains solides. Et tous les deux toussaient, crachaient, gloussaient sans se gêner, parce qu'ils étaient loin de Jeoffrin, et que maintenant, les orgues ronflaient emplissant l'église de vacarme. Ils devaient s'en raconter de raides, à en juger par leur plaisir, et par le sourire béat plastronné sur la face des individus assis devant eux. Ah! les gais compères! étaient-ils assez réjouissants! La mélancolie et eux ne couchaient certes pas dans le même lit. Parfois, quand l'orgue se taisait une seconde, par hasard, on entendait la voix du plus gros, une voix enrouée, s'arrêter au milieu d'une phrase, juste assez de temps pour permettre à l'organiste de retaper sur son instrument. On ne pouvait s'empêcher de les comparer aux deux chantres en train de hurler le *Dies iræ, dies illa*. A n'en pas douter, ils provenaient de la même race, tant ils se ressemblaient, tant on les sentait heureux de vivre tous les quatre.

Un soleil timide s'était d'abord montré sur une rangée de chaises inoccupées, personne ne l'avait remarqué; mais bientôt, traversant un vitrail tout entier, il avait saigné des couleurs sur le sommet du maître-autel, derrière l'abbé Roche. Et il semblait vouloir s'éterniser là. La flamme des cierges se balançait très-pâle au milieu du scintillement féerique. Les bouquets de fleurs artificielles disparaissaient dans une diaphanéité plus bariolée qu'eux. Des milliers de pierres précieuses d'une eau exquise enrichissaient l'argent mat des hauts chandeliers. Au-dessus du tabernacle diapré comme un morceau d'étoffe merveilleux, un crucifix d'or étincelant fulgurait; et pour servir de fond au tableau, sur la muraille de l'église, au centre d'un encadrement terne qui semblait fuir, une gamme de nuances chaudes s'était enflammée.

Aristide classait des notes dans sa tête, pour le cas où il aurait à décrire un enterrement. Il trépignait d'enthousiasme. A côté de lui, son fils jouait avec un mouchoir. Segurola grisé par la scène accompagnée de musique qui se déroulait devant lui réfléchissait à une foule de morceaux de musique plus sinistres les uns que les autres. Son tempérament de tragique était satisfait. Guy ne perdait pas Michelle de vue. Octave Blaisot et Barbelet pleuraient. Jeoffrin pensait à son aérostat; Michelle au pharmacien.

Soudain la formidable basse-taille des chantres tomba comme l'haleine d'un soufflet de forge; les entrepreneurs cessèrent leurs plaisanteries; l'orgue se tut. L'abbé Roche descendit les marches de l'autel, lentement, s'arrêta près du cercueil où gisait Pauline, et dans le silence, il cria :

— *Pater noster.*

Puis, d'une voix plus sourde, il continua en chantant :

— *Et ne nos inducas in tentationem.*

L'orgue, les enfants de chœur et les chantres répondirent :

— *Sed libera nos a malo.*

L'abbé reprit :

— *Dominus vobiscum.*

— *Et cum spiritu tuo,* répondirent encore l'orgue, les enfants de chœur et les chantres.

L'office était fini. Les croque-morts empoignèrent le cercueil et l'entraînèrent de nouveau vers le corbillard. Quand Pauline frôla Michelle, celle-ci posa la main sur le cercueil et le frappa tout doucement. Par cette caresse, elle voulait dire à sa sœur : Courage! courage! comme tu dois souffrir! Elle s'imaginait que Pauline pouvait l'entendre.

Le cercueil fut replacé sur le corbillard, et le cortége partit pour le cimetière. Cette fois, la croix et le clergé ouvraient la marche. A cette heure la moitié du village respirait sur ses portes. On n'échangeait que des bouts de phrases. Une seule exclamation se répétait dans toutes les maisons : quelle chaleur! Quelques gendarmes en pantalons bleus et en vestes grises fumaient leurs pipes, tranquillement assis à l'ombre de leur caserne. Jeoftrin les salua. Et comme Barbelet étonné avait remarqué le geste, le vieil horloger lui dit :

— C'est parce qu'ils te connaissent, et que je te donne le bras.

Jamais à Issy on n'avait enterré autant de personnes que ce matin-là. C'était à ne pas y croire! On ne pouvait tourner la tête sans voir un croque-mort. Nicolas en fit la remarque :

— C'est pour le coup qu'on devrait chanter : hommes noirs d'où sortez-vous ?

Et il n'avait pas tort, Nicolas. La route en était encombrée.

Quel régiment! ils défilaient par bandes de deux ou quatre, les uns gros, les autres maigres, ceux-ci très-grands, ceux-là petits, tous vêtus du même uniforme noir et décorés d'une plaque brillante sur la poitrine. On était si certain qu'ils accompliraient bien leur devoir, qu'on les décorait sans exception, aussitôt leur entrée au corps. Les hommes de confiance sont rares, on ne les trouve plus que dans les pompes funèbres. Segurola jubilait. Toutes ses fibres se dilataient. A la porte d'un marchand de vins, il aperçut une de ces petites civières sur lesquelles on transporte les enfants mort-nés. Il en conclut que les porteurs devaient être à l'intérieur du cabaret, fort occupés à faire une partie de piquet. Cela lui causa une joyeuse rumeur dans la cervelle. Mais à la grille du cimetière, il fut obligé de mordiller son mouchoir pour ne pas éclater. Un vieux croque-mort assis sur une borne lisait un ancien numéro des « *Droits de l'homme.* » Non, c'était trop fort, il n'y en avait que pour lui. Les droits de l'homme ? ah ! ah !.... et à la porte d'un cimetière encore ! Il fallait venir à Issy pour voir ça. Mais ils étaient au fond de toutes les fosses creusées les droits de l'homme !

Un quart d'heure après l'accès d'hilarité du musicien, Pauline reposait sous quelques pelletées de terre. L'abbé Roche avait prononcé le terrible : *Requiescat in pace* ; les invités avaient déguerpi ; et sous l'ardent soleil de midi, au milieu des tombes et des plantes, autour d'une fosse, à côté d'un tas de couronnes et de bouquets déjà presque fanés, il ne resta plus que Michelle et Octave Blaisot prosternés, que Barbelet pensif, que Jeoffrin debout et impénétrable.

DEUXIÈME PARTIE

I

La cuisine était très-propre. Sur le fourneau dont les carreaux à dessins bleus luisaient, une chaudière en cuivre jaune étalait son disque poli contre la muraille. Par la croisée ouverte, à travers un treillage où grimpait une vigne vierge, on entendait le gloussement heureux de quelques poules. Au bord d'une large table en sapin, un gros chat gris et blanc accroupi filait son rouet, les oreilles droites, entr'ouvrant de temps à autre un œil allangui, chargé d'étincelles. Le soleil qui filtrait entre les feuilles de la vigne vierge laissait tomber des gouttes brillantes sur le carrelage rouge du parquet, chauffait l'évier, s'accrochait à une pile d'assiettes, et grimpait jusqu'aux casserolles étagées sous une rôtissoire.

— Elisa, prend-il? demanda la plus jeune des demoiselles Thiry à sa sœur en train d'allumer du feu.

Celle-ci répondit :

— Oui,... le voilà pris ! Comment vont tes groseilles ?

— Je t'attends pour les tordre.

Les deux demoiselles Thiry étaient grandes. Elles se ressemblaient beaucoup. Dans le pays, on racontait qu'elles avaient une douzaine de mille francs de rente, mais on n'en était pas plus certain que de leur âge. Elles passaient pour dévotes. En effet, aussi maigres que des haridelles, toujours vêtues de noir, été comme hiver, les épaules cachées sous des châles de cachemire, le nez long, les lèvres pincées, les yeux petits, le menton pointu, ornées l'une et l'autre de coiffures plates et de bonnets à fleurs, on les voyait se diriger vers Issy, chaque dimanche, à l'heure de la grand'messe, puis à l'heure des vêpres.

Mademoiselle Elisa, l'aînée, portait des lunettes; mademoiselle Joséphine avait une excroissance de chair sur la joue gauche. Sans ces dissemblances, on aurait eu de la peine à mettre leurs noms sous leurs visages. Personne aux Moulineaux ne pouvait se vanter d'être l'ami intime des deux sœurs.

Un beau matin, il y avait quinze ans de cela, on les avait vues emménager dans la maison qu'elles habitaient encore ; et depuis, jamais elles ne s'étaient absentées du village plus d'une journée. Deux années auparavant, le bruit avait couru qu'elles étaient les filles d'un ancien chef d'escadron de gendarmerie ; et comme vers cette époque, un plaisant frappé de leur tournure martiale, de leur tenue presque militaire, de la discipline qui régnait sur leurs moindres actions, s'était écrié en les apercevant :

— Mâtin, quels gendarmes !

Le surnom leur en était resté, à telles enseignes que, si par hasard, dans un groupe, une voix avait dit :

— Tiens !... là-bas,... un gendarme

Personne n'aurait cru à la présence réelle d'un véritable soldat, mais bien à celle d'une des demoiselles Thiry.

A part M. Bouillard, le juge de paix, à part le capitaine Rambert et sa femme, des parisiens ! vieux amis du commandant Thiry, les deux sœurs ne recevaient aucune visite hebdomadaire.

Donc, cet après-midi là, elles faisaient des confitures.

Une fois son feu allumé, mademoiselle Elisa était venue s'asseoir contre la table en sapin, près de sa sœur ; et tandis que celle-ci, les doigts maculés, égrenait une dernière grappe de groseilles, l'aînée des vieilles filles s'amusait à caresser le chat.

A côté d'elles, sur le fourneau, une flamme rousse dansait sur les charbons, et mettait des lueurs de coucher de soleil au fond de la chaudière en cuivre. Le tas rose des groseilles, dans un plat blanc, répandait une bonne odeur de fruits écrasés. Des poules jacassaient toujours sous la fenêtre, et il leur sortait du gosier mille inflexions comiques de bien-être. Un merle poussait de merveilleux sifflements.

— Oh! les vilaines mouches! fit tout-à-coup mademoiselle Elisa, les voilà qui salissent nos groseilles!

— Retrousse-moi mes manches, répondit sa sœur. Les tiennes sont prêtes?

— Oui.

— Étends le linge sur la table.... Apporte la chaudière... Bon!

Elle prit le plat de groseilles et en versa la moitié sur la blancheur mate de la serviette.

— Un fameux cataplasme! dit-elle. Maintenant il s'agit de le tordre.

Elles soulevèrent la serviette que des petites plaques roses marbraient déjà, et la suspendirent à bout de bras au-dessus de la chaudière.

— Y es-tu? demanda Joséphine.

— J'y suis.

— Alors commençons...

Et pendant qu'elles tordaient les groseilles, à travers les jours minces de la toile, celles-ci suintaient une liqueur épaisse, d'un carmin vif, qui tombait goutte à goutte ou par longues échappées sur le cuivre clair, les demoiselles Thiry étaient très-sérieuses, les joues tremblantes, les yeux fixes, comme si elles accomplissaient un acte capital, et leurs mains se teignaient d'une pourpre abondante dont la roseur coulait jusqu'à leurs poignets blancs et nerveux.

— Tu sais, dit mademoiselle Élisa, pour que les confitures soient vraiment bonnes, nous devrons y mettre une livre de sucre par livre de groseilles. Celles de l'année dernière étaient trop sures, elles me donnaient des crampes d'estomac.

— Nous aurions dû mélanger les groseilles avec des framboises, répondit Joséphine. Rien n'est plus doux ni meilleur que les framboises.

A cette idée de la confiture succulente qu'elles auraient pu avoir, les deux vieilles filles cessèrent de tordre la serviette, et se regardèrent, les narines dilatées, la langue mouillée d'une salive gourmande.

Puis elles se remirent à l'ouvrage, murmurant l'une et l'autre :

— Trop tard !.., il est trop tard !... C'est dommage !

A présent, le fond de la chaudière était plein d'un sirop qui paraissait noir.

— Minou ! veux-tu finir, Minou ? cria Joséphine Thiry.

Elle venait d'apercevoir le chat blanc et gris une patte dans le plat creux, jouant avec un grain de groseilles qu'il essayait d'enlever.

— Oh! le sale! fit-elle, la voix tendre.

Assis sur son derrière, la prunelle pailletée d'éclairs, le chat se contenta de l'examiner sournoisement.

— Les groseilles ne rendent plus de jus, dit mademoiselle Elisa.

— Si nous les remplacions?

— Oui.

— Qu'est-ce que nous allons faire des résidus?

— Les jeter aux poules.

Elisa se dirigea vers la fenêtre, et secoua la serviette entre les feuilles de la vigne vierge.

— Pou lou! pou lou! pou lou! fit-elle.

Un tapage d'ailes, de cris, de gloussements, de coups de becs lui répondit. Puis il s'apaisa, et on n'entendit plus que le bruissement d'une picorée satisfaite.

Et quand les deux sœurs eurent fini d'exprimer dans la chaudière le sang rose des groseilles qui restaient, elles la placèrent sur le feu.

— Quelle heure est-il? demanda Joséphine.

— Deux heures.

— Prépare le sirop de sucre.

— Il est prêt.

Elles se lavèrent les mains au-dessus de l'évier,

et leur nettoyage fait, elles vinrent se planter près de la chaudière au-dessus de laquelle tournoyaient déjà quelques flocons de fumée. Les yeux ronds, elles suivaient les progrès de la cuisson, intérieurement chatouillées par les premiers parfums qui s'exhalaient. Et elles restèrent là, pensives, sans échanger une parole, à moitié endormies dans la chaleur lourde de la cuisine, jusqu'à l'heure où des globules se formèrent et coururent sur la surface bouillante du liquide. Alors elles se servirent du sirop de sucre, et la chaudière se mit à chanter une même note sourde et monotone, pendant qu'un jet de fumée plat s'échappait sous son couvercle mal joint et embaumait la cuisine.

— Dis donc, Elisa, fit tout-à-coup mademoiselle Joséphine, tu connais monsieur Trubert, n'est-ce pas ?

— Mais oui.

— Eh bien....

Elle étouffa un éclat de gaité

— Eh bien, ma chère, reprit-elle, il lui est arrivé une aventure.

— Laquelle ? demanda Elisa Thiry en raffermissant ses lunettes sur son nez. Laquelle ?

Toutes deux riaient ; l'une sans savoir pourquoi, simplement alléchée par la perspective d'une histoire amusante ; l'autre tranquille sur le résultat de son histoire, très-heureuse d'avoir quelque chose à raconter.

Sur le coin de la table, à côté d'elles, le chat avait repris sa place et ronronnait. Joséphine continua :

— Devine qui monsieur Trubert a trouvé dans le lit de sa femme, la semaine dernière, cette nuit où il a tant plu ?

— Dans le lit ?

— Oui, dans le lit.

Elles se penchèrent sur le dossier de leurs chaises, riant de nouveau, leurs maigres épaules secouées par une joie folle.

— Qui ? demanda la sœur aînée, qui ? ne me fais pas languir, dis-moi qui ?

— Devine....

— Monsieur Lecoupey ?

— Non.

— Monsieur Vaudrillard ?... Monsieur Bertrand ?

— Non, non.

— L'abbé Roche ?

— Oh !

— Voyons, qui ?

— Monsieur Cau... roy.

— Monsieur Cauroy ?... Julien Cauroy ? un enfant ?

— Oui.

— Vrai ?

— Tout ce qu'il y a de plus vrai. C'est l'épicière qui me l'a dit.

Elles recommencèrent leurs éclats de rire. Puis, soudain, mademoiselle Elisa reprenant son sérieux, grave comme un municipal qui a pu le perdre un instant, mais qui, somme toute, est esclave du devoir, elle s'écria :

— C'est du propre !

— Oui, c'est du propre ! répéta Joséphine rappelée à elle-même par l'exclamation indignée de sa sœur. C'est du propre ! un galopin, ce Cauroy ! il n'a seulement pas de barbe au menton.

— Et quand il en aurait ! fit Elisa. — Quelle vengeance a tirée de lui monsieur Trubert ?

— Monsieur Trubert ? Oh ! tout le monde sait que monsieur Trubert est un homme pacifique et bien élevé. Monsieur Trubert a pris les habits du jeune homme, a ouvert sa fenêtre... Il pleuvait à torrents ; la rue était pleine de boue... Julien se traînait à ses genoux. Paf ! monsieur Trubert a jeté la redingote. Pif ! le gilet est tombé dans le ruisseau. Clic ! à l'eau, le pantalon ! Clac ! aux ordures les souliers ! Madame Trubert s'était cachée sous les draps. Le petit Julien s'imaginait qu'il allait prendre le même chemin que ses vêtements ; eh bien, pas du tout. Monsieur Trubert s'est contenté de le conduire à la porte à grands coups de pied quelque part. Voilà !

Son récit achevé, Joséphine Thiry considéra sa sœur afin de régler sa conduite d'après la sienne. Celle-ci était très-sévère, la mine allongée, rêvant à de vagues coïts.

La chaudière, sur le fourneau, bouillait tout doucement. Il était temps de remuer les confitures. Joséphine se leva, et le parfum de la bonne chose qui cuisait la suffoqua presque.

— Elles seront joliment fines! dit-elle, l'œil clignotant, avec un petit tremblement de narines.

Quant à Elisa, résumant toutes ses rancunes de vieille fille dans une affirmation, elle proclama :

— Décidément, les hommes sont de fameuses canailles.

— Ça c'est vrai ! répondit sa sœur. A part monsieur Bouillard et le capitaine Rambert, ils ne valent pas la queue d'un chien. — Viens donc sentir les confitures, Elisa.

Et le nez penché au-dessus de la chaudière, elles se pâmaient, remuant la tête au milieu de la vapeur qui montait, lorsqu'un coup de sonnette les tira de leur torpeur.

— Tiens ! qui peut venir ici ?
— Va donc voir.

Joséphine courut ouvrir la porte de la rue. Et

ce fut Jeoffrin qu'elle vit, Jeoffrin en grand deuil, la soie de son chapeau haute-forme cachée par un immense crêpe. Il était encore plus pâle que d'habitude, et s'appuyait sur une canne.

— Je vous suis si reconnaissant, dit-il, de vous être dérangées, vous et mademoiselle votre sœur, pour assister à l'enterrement de ma pauvre Pauline, que je n'ai pas voulu laisser passer la semaine sans vous remercier.

Il détailla cette phrase d'une voix lente, en homme accablé par une douleur inguérissable. Depuis la mort de sa fille, il marchait péniblement, et ne sortait plus des Moulineaux. Le visage préoccupé, la barbe un peu en désordre, voûté comme si la pesanteur de ses chagrins lui avait affaibli les bras et les jambes, l'avait roulé dans une boue de distractions et de sentiments hors nature, il faisait pitié à voir.

— Donnez-vous la peine d'entrer, dit la vieille demoiselle. Voulez-vous me permettre de vous offrir le bras?

— Volontiers, répondit Jeoffrin. Je suis très-las.

— Pauvre cher homme! murmura Joséphine Thiry.

Le vieil horloger ajouta, une forte émotion dans la voix :

— Pensez donc! mademoiselle... on ne perd

pas une enfant aussi parfaite qu'était la mienne, sans ressenti une secousse affreuse.

— Hélas! répondit-elle, on a bien raison de le dire : les bons s'en vont, les méchants restent. — Si vous le permettez, nous irons nous asseoir dans le jardin.

Jeoffrin ébaucha un geste découragé.

— Elisa! cria Joséphine Thiry, c'est monsieur Jeoffrin!... Tu nous trouveras sous la tonnelle.

L'odeur du jus de groseilles qui cuisait avait envahi le couloir et flottait dans un demi-jour frais, entre la porte d'entrée et les vitres colorées de la porte du jardin.

— Passez, monsieur, passez, dit Joséphine en ouvrant un des battants de cette dernière porte.

Devant eux, des vignes chargées de grappes encore vertes escaladaient les murailles. Leurs feuilles avaient des éclats d'émeraudes larges. Sous le bleu du ciel qu'un flot miraculeux de soleil incendiait, des lilas chargés de graines se tenaient immobiles côte à côte avec des seringats dont quelques étoiles blanches piquaient encore le fond de verdure sombre. Au milieu d'un gazon touffu, frisé de trèfles clairs, un grand carré de dahlias semblait jongler avec ses fleurs pareilles à des boules diversements nuancées. Une bordure très-drue de pourpiers jaunes le séparait du gazon, l'entourait comme d'une ceinture d'or. Plus loin, au pied d'un cerisier dont les grappes rouges irradiaient, des myosotis formaient une ronde attendrie et douce, une ronde de petits visages d'un azur céleste, enchevêtrés les uns dans les autres, si timides et si calmes qu'ils ressemblaient à des gouttelettes de ciel tombées là. Plus loin encore, une forêt de plantes flosculeuses, coiffées de blanc et de rose pâle, émergaient d'une mince barrière de maïs panachés. On eût dit des épaules nues à l'aise dans un corset de satin paille rehaussé de soie verte. Au centre du jardin, un if gigantesque ridiculement taillé en coq, sur un piédestal, étalait deux longues ailes plates sur des corbeilles de géraniums doubles d'un velouté froid au bout de leurs tiges grêles. Entre deux rangées de buis flanqués d'œillets d'Inde sur lesquels bourdonnait un peuple d'abeilles et de frelons, une allée de sable fin courait en droite ligne, avec une pesanteur de canal plein d'argent liquide, jusqu'à une tonnelle dont le réduit ombreux sommeillait sous le guillochis capricieux et l'assaut d'une clématite et d'un jasmin. Un groupe de bouleaux debout sur leurs troncs hachés de blanc et de noir la dominaient d'un plumet vert dans du soleil. Des acacias jaunes sur des noisetiers à feuilles couleur de rouille faisaient rêver à un coin de paradis artificiel. Dans une caisse, un laurier entr'ouvrait des touffes de boutons roses comme des seins vierges. Sous l'ardeur du soleil, les fleurs s'étaient entourées d'émanations changeantes de cassolettes.

— Eh bien, qu'est-ce que vous pensez de mon jardin ? demanda Joséphine Thiry.

— Il est très-joli, répondit Jeoffrin, très-joli. Vous rappelez-vous ? J'étais avec Pauline, la dernière fois que j'y suis venu.

— Voyons, monsieur Jeoffrin, fit la vieille demoiselle, il faudrait tâcher d'être plus raisonnable, de ne plus tant la regretter... oh ! je sais bien que c'est difficile, qu'on doit aimer ses enfants même quand ils sont morts, mais enfin !... enfin ! on a toujours tort de se laisser dépérir.

— La vie m'est devenue indifférente.

Et comme ils se dirigeaient vers la tonnelle, sans se presser, à cause de Jeoffrin qui paraissait de moins en moins solide sur ses jambes, mademoiselle Thiry s'écria tout à coup :

— Ah ! des chaises ! j'allais oublier des chaises. Attendez-moi une minute, je reviens.

Et elle se sauva pour reparaître presque aussitôt avec deux siéges en bois peint.

— Vous comprenez ! dit-elle, nous ne les oublions jamais dans le jardin, la pluie les abimerait.

Un instant après, tous deux étaient assis sous la tonnelle, silencieux, en proie à ce bien-être incomparable que donnent la fraîcheur et l'ombre, quand les après-midi sont torrides.

Contre la fenêtre de la cuisine, en face d'eux, dans une basse-cour treillagée, une poulette blanche hérissait ses plumes au soleil. Ils la regardèrent. Puis la monotonie du tête-à-tête devenant gênante, Joséphine finit par dire :

— Elle est gentille ma poulette, n'est-ce pas ? Elle me suivrait partout si je voulais ; mais je l'enferme, parce qu'elle déracinerait les plantes.

Et elle se tourna vers Jeoffrin. Celui-ci s'essuyait les yeux avec son mouchoir.

— Quel homme ! s'écria-t-elle, mon Dieu ! quel homme vous faites !... Vous n'avez pas pour deux liards d'énergie. Pleurer ! toujours pleurer ! la belle avance !

Elle ajouta plus doucement :

— Vous devriez aller à l'église, suivre les offices. L'église offre des consolations qu'on ne rencontre pas ailleurs.

— C'est vrai, dit Jeoffrin.

— Promettez-moi que je vous verrai dimanche à la messe, reprit-elle avec effusion.

— Je vous le promets.

— Ah! c'est bien, fit la vieille fille, je suis contente de vous, c'est très-bien. Et elle se cambra sur sa chaise, les yeux brillants de la conversion qu'elle venait d'opérer à la six-quatre-deux, le temps de pousser un ainsi-soit-il.

Sur ces entrefaites, mademoiselle Elisa Thiry parut sur le seuil de la maison. Elle portait une nouvelle chaise, et jetait un coup d'œil froid sur son domaine.

— Elisa, nous sommes ici, cria Joséphine.

— Je le sais, répondit la vieille demoiselle, et elle se dirigea vers eux, rigide dans sa robe noire, la démarche raide, ne produisant aucun bruit sur le sable de l'allée. Elle s'inclina devant Jeoffrin et s'assit près de sa sœur qui lui disait :

— Elisa, aide-moi donc à gronder monsieur Jeoffrin. Il ne cesse de pleurer. Je me tue à lui faire entendre raison.

— Monsieur Jeoffrin oublie sans doute qu'il lui reste une fille, dit Elisa Thiry.

Le vieil horloger secoua la tête.

— Tenez! monsieur, reprit-elle, avec l'air et l'autorité d'un médecin qui donne une consultation, votre maladie est une maladie morale, vous devriez tâcher de vous distraire.

— Oui, murmura Joséphine,... de vous distraire. Par exemple...

Elle interrogea sa sœur du regard.

— Par exemple, pourquoi ne vous joindriez-vous pas à nous, ce soir, afin de prendre du thé ? Nous recevons régulièrement deux ou trois vieux amis de notre famille...

Jeoffrin l'interrompit :

— Je ne voudrais pas que des étrangers me vissent pleurer.

— Mais c'est justement pour vous empêcher de pleurer que nous vous invitons.

Il lui serra la main.

— Vous êtes trop bonne, mademoiselle, mille fois trop bonne...

— Alors, c'est entendu ! Nous comptons sur vous. N'est-ce pas, Elisa ?

Celle-ci toujours très-rigide fit : oui. Puis elle énuméra ses invités.

— Nous aurons le capitaine Rambert, sa femme, monsieur Bouillard le juge de paix.

Jeoffrin ferma les yeux.

— Monsieur Bouillard ? demanda-t-il. N'est-ce pas lui que j'ai déjà rencontré chez vous une ou deux fois ?

— Lui-même. Ainsi, vous serez en pays de connaissance. Viendrez-vous ?

— Oui, je vous remercie.

— J'espère bien que vous nous amènerez votre charmante Michelle ?

— Michelle ? dit Jeoffrin l'œil étincelant.

— Oui, votre charmante Michelle, répéta Joséphine Thiry.

Il y eut quelque chose comme une indécision qui parcourut le visage de l'ancien horloger, mais presque aussitôt la rejetant des deux mains, il cria :

— Jamais, non jamais.

Et il se leva, la prunelle dilatée par une vision inquiétante.

Les demoiselles Thiry stupéfaites l'examinaient. Pourquoi ce cri de colère contre sa fille? Quelle faute pouvait-elle avoir commise assez grave pour s'être attiré ainsi le mécontentement paternel? Bah! ce brave monsieur Jeoffrin aigri par la mort de Pauline devait avoir tort. Il n'était sans doute pas facile tous les jours, le vieux compère! La femme n'avait-elle pas été créée pour être le « pâtira » de l'homme?...

Alors Elisa se rapprocha du vieil horloger. Elle avait repris son grand air doctoral.

— Voyons, dit-elle, mon cher monsieur, nous en voulons donc beaucoup à la pauvre enfant? Elle est pourtant bien gentille, bien affectueuse.

— Oh! bien affectueuse, répéta Joséphine.

— Seulement reprit l'aînée des demoiselles Thiry, elle est comme vous, elle aurait besoin de distractions. Les jeunes filles ont besoin de distractions... La voilà seule aujourd'hui!... trop seule, hélas! depuis que sa sœur n'est plus. Il faut lui témoigner de l'indulgence à cette malheureuse enfant... Nous ne vous demandons pas vos secrets, nous n'avons même aucun droit à vous les demander ; mais, si par hasard, vous désiriez un conseil, eh bien, nous vous le donnerions, franchement, sans arrière-pensée, dans votre intérêt. Les familles bien posées aux Moulineaux ne doivent pas avoir de querelles intestines, quand ce ne serait que pour montrer le bon exemple aux ouvriers.

Jeoffrin les yeux fixés sur ses bottines ne lui répondit point ; mais ainsi plongé dans un cercle de réflexions profondes, il paraissait très-énergique, et un frisson de crainte inexplicable émut les vieilles demoiselles. Elles eurent le pressentiment que Jeoffrin se préparait à leur confier quelque chose de très-important. Elles se communiquèrent cette impression, par la suite, et l'érigèrent en avertissement d'un Dieu qui les aimait.

A cette heure, le soleil se livrait à une orgie de lumière dans le jardin. Tout flamboyait. L'ombre même avait des rutilements de métal. Une musique continue et enrouée s'échappait des massifs de fleurs ; c'étaient les mouches ivres de sucs qui chantaient. Une sueur légère perlait sur le front et sur les lèvres des demoiselles Thiry

Parmi les arbustes, certaines feuilles avaient des épanouissements d'escarboucles. On ne voyait plus de papillons blancs dans l'air. Les allées, entre leurs rives de buis, ressemblaient à des lits de ruisseaux desséchés, pleins de pépites et de diamants.

Joséphine tremblait de curiosité. Elisa était plus calme.

Le vieil horloger réfléchissait toujours. Il mourait d'envie de parler, mais je ne sais quelle pudeur le retenait, lui posait une main sur la bouche. Peut-être craignait-il de commettre une faute irréparable, désastreuse? Et tout entier au bouillonnement de ses pensées, il n'entendit pas la plus vieille des demoiselles Thiry qui lui disait :

— Madame Rambert est une excellente personne, très-habile aux travaux d'aiguille. Vous verrez que votre fille sera enchantée de faire sa connaissance.

Joséphine ajouta :

— Par conséquent, raccommodez-vous avec elle, et amenez-nous la ce soir, à huit heures.

Mais Jeoffrin lui répondit :

— Ne me parlez jamais de Michelle.

— Pourquoi? mon Dieu, pourquoi?

— Pourquoi?

Jeoffrin paraissait si incisif que les deux vieilles filles eurent peur de l'avoir choqué. Lui se toucha les jambes, se passa la main sur le front. Une angoisse terrible lui serrait la gorge. Alors il leur dit, la voix rude :

— Avez-vous remarqué combien la maladie de Pauline a été courte ?

Elles répondirent : oui, toutes les deux en même temps, avec un regard inquisiteur. Jeoffrin ne les perdait pas de vue. A ce moment, une fauvette perchée sur un des bouleaux lança une roulade au soleil.

— Trois jours de maladie ! fit Jeoffrin, elle est morte après trois jours de maladie. Ça ne vous semble pas étrange ?

— On a trouvé une de mes cousines morte dans son lit, un matin, répliqua Joséphine Thiry.

— Je crois que Pauline a été empoisonnée, murmura sourdement Jeoffrin.

Les deux vieilles filles frissonnèrent. Un malaise leur étreignit la racine des cheveux, comme si une invisible main les frôlait. Bien que prévenues, elles ne s'attendaient pas à une pareille déclaration. A présent, le vieil horloger était plus tranquille. Il reprit :

— Je suis convaincu que mon enfant est morte empoisonnée. Elle a beaucoup souffert.

— Ah ! voyons, firent les demoiselles Thiry, comment cette idée a-t-elle pu vous venir ?... Empoisonnée !... Y pensez-vous ? Par qui ?

— Par Michelle, répondit Jeoffrin très-bas.

Les deux vieilles filles se levèrent. Elles faillirent éclater en larmes. Ce crime épouvantable qu'on leur avait dévoilé brusquement, chez elles, les entourait d'une atmosphère inconnue. Elles ne se souvinrent pas un instant que Jeoffrin était le père de celle qu'il venait de dénoncer. Elles ne saisirent aucun des côtés odieux de la confidence. Michelle coupable leur apparaissait seule, répulsive et belle d'une beauté sinistre.

— Rentrons dans la maison, finirent-elles par dire, rentrons. Ici on pourrait vous entendre.

Jeoffrin les suivit. Il marchait plus ingambe. Sa délation paraissait l'avoir guéri de ses maux corporels, et il jouissait du soleil et du jardin, sans une inquiétude, l'esprit dégagé d'un poids, comme s'il avait enfin vengé Pauline, accompli consciencieusement un devoir, dans des conditions exceptionnelles de détachement et de générosité. Michelle avait beau être sa fille, son unique enfant, aucun remords ne le tracassait ; et il pensa : les demoiselles Thiry sont bavardes ; monsieur Bouillard le juge de paix viendra ce soir, Michelle sera coffrée avant quinze jours. Ah ! elle n'a pas voulu me donner ses cinquante mille francs ; eh bien, je les aurai.

Il arrêta les vieilles demoiselles au moment où elles entraient dans leur salon.

— Je vous quitte, dit-il... Pas un mot à qui que ce soit de ce qui m'a échappé tout à l'heure. Si je me condamne à vivre auprès de Michelle, c'est que je ne veux pas la punir. Il se peut d'ailleurs que le repentir lui vienne... et puis, malgré moi... je suis encore père.

— Ah! mon cher monsieur, soupira Joséphine, vous devez être bien malheureux. Soyez tranquille.... personne ne connaîtra le secret que vous nous avez confié. Je n'aurais jamais cru ça de Michelle.

— Ni moi, dit Élisa. Cependant....

Elle n'acheva pas sa phrase, mais celle-ci était grosse de réticences. Du caractère peu communicatif de Michelle, de sa calmie douloureuse, de quelques autres minces petits aperçus remarqués pendant une courte fréquentation, aujourd'hui elle bâtissait des montagnes d'arguments défavorables à la jeune fille.

Jeoffrin avait repris sa mine languissante et sa démarche d'homme perclus de rhumatismes. Au moment de partir, il dit aux vieilles demoiselles :

— Décidément, ne comptez pas sur moi, ce soir. A bientôt !

Puis il eut une inspiration. Il fouilla dans son gousset, en tira une pièce de vingt francs, et la tendit à Élisa Thiry.

— Ayez donc la bonté de faire dire quelques messes avec cet argent, murmura-t-il.

Il ajouta :

— Pas pour Pauline,... pour Michelle.

Joséphine accepta les vingt francs.

— Vous êtes un brave homme ! soupira-t-elle encore. Dieu vous récompensera, car vous ne méritez pas de telles épreuves. Non, certes ! vous ne les méritez pas.

— Je l'espère, répondit Jeoffrin, sans cela il n'y aurait plus de justice.

Et il s'en alla, suivi jusqu'à sa porte par le regard humide des deux vieilles filles.

Celles-ci retournèrent à la cuisine.

— On ne sait jamais sur quel pied danser dans ce bas monde, proclama Joséphine. Tuer sa sœur ! faut-il être assez dénaturée ! Pauvre père Jeoffrin ! Quelle vieillesse lui prépare cette coquine de Michelle !... La vie n'est pas rose.

— Ça sent le brûlé, dit tout à coup Élisa Thiry, le nez en avant.

— Oui, ça sent le brûlé, répéta Joséphine. C'est extraordinaire.

Puis elle glapit :

— Mais ce sont nos confitures qui brûlent !... Elles ne vaudront plus rien.

Oui, brûlées ! les confitures étaient brûlées maintenant. Ah ! il aurait bien mieux fait de rester chez lui avec toutes ses histoires, ce monsieur Jeoffrin!... Dix francs de groseilles perdus!... et la chaudière abîmée!... Bon! il ne manquait plus que ça! — Elles opérèrent une volte-face en faveur de Michelle. Somme toute, monsieur Jeoffrin n'était peut-être qu'un rabâcheur... Le sucre coûtait seize sous la livre... Un père accuser sa fille! C'était impardonnable!... Cependant...

Elles se rappelèrent une aventure à peu près semblable qu'on leur avait apprise dans l'histoire romaine, à l'époque où elles allaient en pension; et Jeoffrin leur parut sur-le-champ plus digne de croyance. Une colère produite par le crime de Michelle, par la perte de leurs confitures s'empara d'elles. Leur manière d'envisager les choses s'en ressentit. Et tandis qu'elles éteignaient le feu en séparant les uns des autres les charbons allumés sur les carreaux bleus du fourneau, que la chaudière, à côté d'elles, s'entourait d'une puanteur âcre, Élisa Thiry s'écria :

— Puisque cette Michelle a commis un crime, il faut qu'elle soit punie.

Joséphine riposta :

— Il ne peut y avoir deux avis là-dessus. Et si monsieur Jeoffrin ne nous avait pas priées de nous taire, eh bien....

— Eh bien, quoi ?

22

Joséphine devint très-rouge.

— Eh bien, dit-elle, j'aurais tout raconté à M. Bouillard.

— Tiens ! mais... fit Élisa.

— Comment, tu voudrais...

— Pourquoi pas ?

— Écoute, reprit Joséphine Thiry, tu ne sais pas ce que tu devrais faire ?

— Non.

— Afin d'avoir la conscience nette, tu devrais mettre ton châle, ton bonnet, et courir jusqu'à Issy voir l'abbé Roche. Comprends-tu ?....

— Oui.

— Tu ne nommeras pas les personnes.

— Bien entendu.

— Mon avis est que nous ne pouvons rien décider sans l'abbé Roche. Il est quatre heures... Pars vite, et nous suivrons de point en point les conseils de notre directeur.

Un instant après, Joséphine restait seule. Petit à petit le jour tomba. Et dans l'obscurité naissante, autour des impatiences de la vieille fille, un grand silence dormait.... Quelle serait la réponse du curé d'Issy? Le cœur de Joséphine Thiry battait violemment dans sa poitrine. Elle l'entendait. Néanmoins, elle ne se formulait aucun reproche Et quand sa sœur fut de retour, presque joyeuse, elle ne la quitta plus. Toute la soirée, les vieilles demoiselles chuchotèrent, s'entourant de gestes mystérieux, d'encouragements tacites. Elles ne purent manger leur dîner.

A huit heures, un fiacre s'arrêta devant leur porte, et le capitaine Rambert accompagné de sa femme en descendit. Il entra comme une bombe dans le salon, un salon usé, passé, dont les meubles de style empire étaient couverts d'un antique velours d'Utrecht jaune à ramages frappés. Une pendule dorée surmontée d'un Apollon et de sa lyre décorait la cheminée, entre deux candélabres de forme grecque. Au milieu du marbre d'une table ronde, une lampe coiffée d'un abat-jour à vignettes instructives se morfondait, jetant des tons blanchâtres de clair de lune sur une glace enclavée dans la boiserie, sur un long canapé adossé à une muraille, sur les chaises et sur les fauteuils rangés par ordre de bataille.

Les femmes s'embrassaient encore à la porte du salon que le capitaine avait déjà tiré un journal de sa poche et l'avait déployé sur la table ronde. Un lambeau de jour à peine distinct traînait sur le parquet, devant les fenêtres.

— Bouillard n'est pas encore venu ? demanda le capitaine.

— Non, pas encore, répondirent en chœur les demoiselles Thiry ; et elles suivirent dans le salon madame Rambert, une petite boulotte rousse qui venait de quitter son burnous et son chapeau. Celle-ci tira d'une table à ouvrage un carré de tapisserie et le déploya, lui donnant des tapes pour défaire les plis, le lissant sur sa poitrine.

Elle finit par l'étaler sur une chaise, disant :

— Ça fera un joli pouf, n'est-ce pas? Les fleurs rouges sont d'un bel effet sur le fond bleu; le feuillage vert est très-bien aussi.

— Ah ça! Bouillard ne viendra donc pas aujourd'hui? cria le capitaine. S'il avait été militaire, il saurait au moins ce que signifie le mot exactitude.

On l'approuva. Oh! le juge de paix ne pouvait plus tarder à se présenter.

Madame Rambert attira les deux vieilles filles dans un coin, et leur annonça que son mari était d'une humeur exécrable.

— A cause du nouveau ministère, ajouta-t-elle... Il paraît que les radicaux triomphent, qu'ils vont ouvrir toutes les prisons, se partager la fortune des riches,... désorganiser l'armée, donner des places aux communards grâciés, chasser les prêtres,... enlever aux anciens officiers leur pension de retraite. C'est ça surtout qui exaspère Rambert.

Les demoiselles Thiry atterrées l'écoutaient sans récriminations. Néanmoins, elles se rappelaient Michelle. Huit heures et demie sonnèrent à la pendule.

— Bouillard se moque de nous, grogna le capitaine. Quand on a annoncé sa visite aux gens, et qu'on se croit obligé de leur manquer de parole, on devrait au moins les prévenir. Je ne comprends pas le manque de procédés.

— Ah! enfin!... Bouillard!... Cette fois, c'est monsieur Bouillard.

Un coup de sonnette venait d'annoncer le juge de paix. Joséphine Thiry courut lui ouvrir, et il entra. Il était de taille moyenne, la peau rose, la figure pouparde entre un collier de barbe et des cheveux blancs. Il avait le nez un peu déformé, comme si, à la suite d'un jugement trop expéditif, un de ses plaignants lui avait administré une formidable taloche sur cet appendice. Enveloppé dans une de ces longues redingotes dites « à la propriétaire », monsieur Bouillard formait un contraste frappant avec son ami Rambert, ancien capitaine de lanciers, soldat de fortune, maigre, la face ridée comme une vieille chaussure, les cheveux poivre et sel, la moustache grise, pointue, cirée, menaçante. Au régiment, les camarades du capitaine l'avaient surnommé Changarnier.

— Eh bien, Bouillard, cria-t-il, vous savez les nouvelles?

— Quelles nouvelles ? demanda le juge de paix.

— Les nouvelles politiques.

— Ah! ah! il y a donc des nouvelles politiques, dit avec ingénuité le vieillard.

— Il paraît! reprit le capitaine.

Monsieur Bouillard fit :

— Diable! diable!

— Je parie que Bouillard ne sait pas qu'il y a un nouveau ministère, dit Rambert s'adressant aux dames.

Le juge de paix réclama :

— Oh! pardon! pardon! il faudrait être bien indifférent aux affaires de son pays pour ignorer...

— Voici ce qu'il y a, interrompit furieusement l'ex-capitaine de lanciers, il y a que monsieur de Marcère...

— Comment! monsieur de Marcère?... demanda Bouillard.

— Oui, le ministre de l'intérieur.

— Ah! bon... très-bien! Vous savez! je n'ai pas la mémoire des noms, moi. Et puis, on nous les a changés si souvent les ministres... qu'on a le droit de les confondre les uns avec les autres.

Le capitaine Rambert pria qu'on ne l'interrompît pas davantage.

— Le ministre de l'intérieur, continua-t-il, est donc monté à la tribune, et a donné lecture à la Chambre de ce qui suit :

« Les élections du 14 octobre ont affirmé une fois de plus la confiance du pays dans les institutions républicaines.

« Pour obéir aux règles parlementaires, j'ai formé un cabinet choisi dans... »

Bouillard l'interrompit à son tour :

— Connu ! Connu ! c'est le message. Inutile de continuer, je viens de le lire.

Les yeux du capitaine luisaient.

— Eh bien, puisque vous venez de le lire, dit-il, vous devez savoir qui l'a signé.

— Sans doute, le maréchal de Mac-Mahon, duc de Magenta.

Ce nom ne produisit aucun tumulte.

— Je ne serais pas fâché d'entendre votre opinion sur la conduite du chef de l'Etat.

— Mon opinion? fit Bouillard.

— Oui.

— Mon Dieu !... elle est très-simple... Que voulez-vous?... Je ne connais rien de plus difficile que d'avoir une opinion. Mais, puisque vous me la demandez... je n'en ai pas; ma parole, je n'en ai pas.

Et tirant une large tabatière noire de la poche de son pantalon, il la tendit philosophiquement à chacune des personnes assises près de lui.

— Eh bien, je vais vous dire la mienne, hurla le capitaine. Moi, Rambert, chevalier de la Légion d'honneur, j'affirme que le maréchal s'est déshonoré, qu'au lieu de plier devant la radicaille, il aurait dû lui passer sur le ventre, tonnerre de Dieu! et rappeler le prince impérial.

— Diable! diable! répéta le juge de paix, il me semble que vous allez un peu loin.

— Maintenant, voulez-vous mon opinion sur votre compte, Bouillard?

Le juge de paix ricana :

— Allez-y gaîment.

— Vous n'êtes qu'une poule mouillée.

Madame Rambert et les demoiselles Thiry furent impressionnées. Monsieur Bouillard se fâcha. Il avait une de ces froides colères d'homme indifférent.

— Ecoutez, Rambert, dit-il, si votre empire revenait,... ce serait une honte pour la France, oui, une honte!

Le capitaine s'était levé.

— Oui, une véritable honte, répéta le juge de paix.

Les trois femmes s'interposèrent. Voyons! est-ce qu'on devait se disputer ainsi entre vieux amis? Cette gueuse de politique! elle finirait par tout mettre à feu et à sang. C'était sûr!... Ils n'étaient pas du même avis, après? Ne se trouveraient-ils pas toujours d'accord sur un point : l'honnêteté?

Le commandant Thiry, lui, autrefois, avait

proscrit de sa maison la politique, et c'était une preuve de grand bon sens qu'il avait donnée là... D'ailleurs, les discussions ne changeant pas les opinions, les adversaires ne parvenant jamais à se convaincre, ne valait-il pas mieux se taire ?

— Je propose de faire un besigue à quatre, dit Joséphine, pour mettre un terme à l'ennui de la situation. Elisa sera ma partenaire, et monsieur Bouillard celui du capitaine. De cette manière, ils auront le temps de se réconcilier.

— Oh! nous ne sommes pas fâchés, répondit le juge de paix.

On installa une table de jeu. Et quand elle fut prête, lorsque chacun fut assis, Elisa Thiry demanda la parole.

— J'ai quelque chose de très-important à raconter. Dois-je commencer mon récit tout de suite, ou attendre?

La chose n'intéressant spécialement personne, on décida qu'il fallait attendre. Et pendant une longue demi-heure, le froissement des cartes, le bruit sourd des jetons sur le tapis vert de la table, des voix, tantôt l'une, tantôt l'autre, troublèrent seuls la quiétude du salon. Madame Rambert qui ne jouait jamais, s'était assise près de son mari, sous la clarté de la lampe; et elle travaillait à sa tapisserie, un bandeau de ses cheveux roux plein de lumière. Ce fut le capitaine qui gagna la partie.

Alors, tandis que Joséphine trottait, s'occupait du thé, dans le calme de ce salon bourgeois, au milieu de l'attention générale, avec une tranquillité sans pareille, Elisa Thiry raconta qu'une jeune fille, Michelle Jeoffrin, leur voisine, avait empoisonné sa sœur.

Deux jours après cette soirée, le bruit courut aux Moulineaux que Barbelet avait envoyé à la préfecture sa démission de commissaire de police. On s'informa. Rien n'était plus vrai. Les curieux ne tardèrent pas à savoir pourquoi.

II

Dans le repos de la matinée tiède, sous un ciel barbouillé de flocons laineux qui voyageaient comme un vol d'oies sauvages, derrière un vieux mur en briques debout le long d'un sentier, on n'entendait que le grincement d'un sécateur coupant des branches. Le bruit montait. Au bout de quelques minutes, un chapeau se montra au-dessus du mur, un large chapeau de paille noirci par la sueur, déchiqueté ; puis une tête, la tête de singe de Nicolas ; et enfin, une paire d'épaules. Le jardinier lança un coup d'œil au champ d'avoine fauchée qui s'allongeait en face de lui, et satisfait par une idée sans doute désopilante, le teint prospère, il fredonna joyeusement :

> Amour sacré de la patrie,
> Le jour de gloire est arrivé...

Mais d'horribles démangeaisons produites sur ses joues par les poils de sa barbe aussi durs que des aiguilles l'obligèrent à se taire. Il se gratta. Et cette opération terminée, il tomba dans une rêverie profonde. Autour de lui, des arbres imitaient la rumeur frémissante de la mer.

A ce moment Constance parut dans le sentier. Elle était vêtue d'une ancienne robe de Michelle Jeoffrin, et sous un chapeau orné d'une rose que Pauline lui avait donné une huitaine de jours avant de mourir, sa figure maigre aux traits réguliers semblait ennuyée. Elle marchait très-droite, un peu gauche dans ses atours du dimanche. Quand elle passa devant le jardinier, celui-ci l'appela :

— Hé ! mam'selle Constance !

La cuisinière se retourna, indécise, n'apercevant personne. Alors Nicolas cria :

— On n'reconnaît donc pas les amis ? Bonjour, mam'selle.

— Mais si, répondit-elle, seulement je ne vous voyais pas. Vous savez, cette ruelle n'est pas souvent propre ; on est forcée de regarder à ses pieds.

Elle avait un fort accent normand qui lui faisait chanter la fin de ses phrases.

— Oh ! fit Nicolas, n'ayez pas d'crainte ! Ici, ça n'pue pas core trop, c'est là-bas, entre les deux haies de sureaux qu'tous ces guerdins d'polissons vous pondent leurs ordures. Si on dégringolait à c'te place-là, on n'aurait pus qu'à s'flanquer à l'ieau, et à s'rincer avec un bouchon d'paille.

Il ajouta :

— Faut pas s'plaindre ! à l'saison des fruits, les cabots se purgent ; y sont foireux comme les cinq cents diabes.

— Ça n'en est pas plus agréable ! répliqua la cuisinière.

Nicolas, son sécateur à la main, coupa quelques sarments. Puis, s'adressant de nouveau à Constance qui restait pensive au milieu du sentier. :

— Eh bien, mams'elle, dit-il, ça va-ty à vos souhaits ?

— Oui, répondit-elle, je ne me plains pas de ma santé ; si le reste allait à l'avenant....

— Quoi-t-est-ce qu'vous avez ?... Voyons, eune belle femme dans vot'genre, ça devrait-y s'embarrasser de quéque chose ?

Constance haussa les épaules.

— Vous qui travaillez un peu partout, reprit-elle, vous devriez bien parler de moi à vos pratiques.

— Vous n'êtes donc pus chez c'père Jeoffrin ?

— Moi ?.... Vous ne savez donc pas ?... Est-ce que je pouvais rester dans une maison où la police est venue ?

— Dame ! fit le jardinier, tous les argents n'sont-y pas bons ?

— Je ne dis pas ça, moi, répondit la cuisinière d'un air pincé.

— Sacrr nom de nom, cria Nicolas, en s'accrochant des deux mains à la crête du mur. Sacrr bon sang ! v'là qu'j'ai core failli m'étaler. Foutue bête que je suis !... Mon échelle a glissé.... Bon !... bon !... Aïe donc ! A n'basculera pus à c'theure... Y n'sagissait que d'la mettre d'aplomb.

— Un accident est vite arrivé, répondit tranquillement Constance. Il faut prendre garde.

Et elle s'assit sur le talus, devant le champ d'avoine.

— Ch'ez qui travaillez-vous donc ? demanda-t-elle bientôt.

— Chez m'sieur L'coupey.

— Il n'a pas besoin d'une cuisinière ?

— Oh ! répliqua le jardinier, en aurait-y core besoin d'une, que je n'vous conseillerais pas d'l'être. Vous ne seriez pas en sûreté. M'sieur L'coupey est un gars qui n'a point froid quéque part. Quand y prend une cuisinière, faut qu'a y passe. Y en a eu eune, v'là un an, qu'est entrée ici fluette, bonne à marier comme vous êtes, et qu'en est sortie avec un porichinel sur les bras.

— Bah ! dit Constance, l'œil allumé, la bouche sensuelle.

— Aussi vrai qu'j'vous l'dis, reprit Nicolas. D'ailleurs faut pas y penser ; la place est prise à c'theure, m'sieur L'coupey a ramoyé, on ne sait où, cunè belle petite cuisinière. Ah! ah! en v'là eune qu'est pas malheureuse!... Les femmes et les oiseaux, c'est sa rage à c't homme. — Ah ça! vous qu'avez vu comment les choses as'sont passées chez l'père Jeoffrin, vous d'vereriez bien m'conter la vérité, si v's avez un bout d'temps à perdre.

La cuisinière fût très-contente. Depuis l'arrestation de Michelle, on la choyait aux Moulineaux pour qu'elle voulût bien satisfaire la curiosité générale. Et tantôt entre deux verres de liqueurs, tantôt entre deux tasses de café, elle dégoisait les moindres détails des événements auxquels elle avait assisté. Ce fut donc heureuse et la mine aimable qu'elle commença son récit :

— Il faut vous dire que monsieur Barbelet le commissaire de police n'est plus commissaire de police. Et il n'est plus commissaire de police, parce qu'il n'a pas voulu arrêter mademoiselle Michelle, sa filleule...

— Mais pisqu'y n'a pas voulu l'arrêter, interrompit Nicolas avec son gros bon sens, pourquoi qu'y n'la point prévenue qu'on s'parait à vous la foutre au bloc? Al aurait pu s'garer au moins.

— Qui sait, répondit Constance. Il y a peut-être un secret là-dessous.

— N'empêche! reprit Nicolas, avec un secret,

ou ben sans un secret, c'est quif quif ! m'sieur Barbelet aurait dû la prévenir quand même.

La cuisinière continua :

— Ils sont donc venus à trois, un mardi, à l'heure du dîner. Ils étaient trois, je les ai vus comme je vous vois,... des hommes solides,... assez bien habillés. Moi je ne pouvais pas deviner ce qu'ils venaient faire, n'est-ce pas ?... J'entends sonner... ding ! ding !... deux coups !... La sonnette avait un son à elle... Je vais ouvrir. Ils entrent. Alors, le plus bel homme des trois, un grand qui avait une barbe noire, me demande : monsieur Jeoffrin est-il là ?... Je réponds : oui, mais il est en train de dîner. Il me dit : Ça ne fait rien, nous n'avons pas le temps d'attendre ; conduisez-nous dans la salle à manger.... Moi, je le conduis,... une autre cuisinière l'aurait conduit aussi,... on ne pouvait pas savoir ! Et puis, je ne sais pas comment ça se fait, mais ils n'avaient point de trop mauvaises manières. Oh ! s'ils avaient eu de mauvaises manières, je ne les aurais pas confondus avec des messieurs... Une fois devant la porte de la salle à manger, je demande au grand brun ; — Qui annoncerai-je ? Il me répond : — Inutile d'annoncer, monsieur Jeoffrin ne nous connaît pas... J'aurais dû me douter de quelque chose à ce moment-là, mais, devoir et pouvoir, ça fait deux.... J'ouvre la porte.... Seigneur Jésus! sitôt qu'il les voit, monsieur Jeoffrin devient blanc comme un linge... sa chemise n'était pas plus blanche que sa peau.. Ah! il n'a pas été long à comprendre ce qu'ils voulaient, lui! Rien qu'à les voir, il les avait dévisagés!... Alors le grand brun a tiré un papier de sa poche et l'a tendu à M. Jeoffrin... Moi, je regardais, mademoiselle Michellé regardait aussi,... nous regardions tous, excepté monsieur qui fixait le papier. Il n'en finissait plus de le lire, ce papier!... et il le tournait, et il le retournait.

— On aurait cru qu'il voulait s'en servir, quoi! interrompit Nicolas en riant.

— S'il vous plait? dit Constance.

— Rien! rien!... une rigolade! fit le jardinier.

Constance reprit :

— Quand il l'a donné à mademoiselle Michelle, la gueuse a paru étonnée... Oh! mais il fallait voir la figure de sainte n'y-touche qu'elle avait! Par exemple, sitôt le papier lu, ça n'a plus été la même chose... la peur! vous m'entendez,... la peur!... Elle est devenue toute rouge, puis toute pâle;... ses yeux remuaient... J'étais devant elle, pas plus loin que d'ici à vous, monsieur Nicolas... nous n'étions séparées que par la table. Et tout d'un coup, elle s'est mise à pleurer, à sangloter,...

23.

une vraie fontaine !... Non alors, c'était pas la peine de l'avoir tuée sa pauvre sœur, pour faire une vie pareille ! Et elle criait : je ne suis pas coupable ! je ne suis pas coupable !... Ce n'est pas vrai !... Pauline ! Pauline ! ma Pauline ! Et c'étaient toujours des : Pauline ! et des : c'est pas vrai !... Enfin, elle ne savait dire que ça. Monsieur Jeoffrin répétait aussi : Ce n'est pas vrai !... elle n'a pas tué Pauline ! Quand la barbe noire a vu comment l'affaire tournait, elle n'a fait ni une ni deux, et elle a sorti son écharpe tricolore. C'était le remplaçant de monsieur Barbelet. Alors il s'est approché de mademoiselle et lui a dit : Je vous prie de me suivre... Je ne savais plus où me cacher, moi ;... je croyais qu'on voulait nous emmener tous... j'ai commencé à crier !.. Mademoiselle Michelle se roulait par terre, se jetait aux genoux du commissaire de police : je ne veux pas aller en prison... je vous en supplie monsieur,... ayez confiance en moi,... je vous jure que j'aimais Pauline, je vous jure que je ne l'ai pas tuée,... et tchi,... et tcha... On se serait coupé la tête plutôt que de la soupçonner. Le commissaire lui répondit : Mais si vous n'êtes pas coupable, mademoiselle, on le saura vite, l'instruction, (je crois que c'est l'instruction qu'il disait,) l'instruction le démontrera. Eh bien oui, elle n'en piaulait que plus fort. Cependant, à la fin, il s'est tourné vers ses deux hommes et leur a ordonné d'emporter mademoiselle Michelle dans une voiture qui attendait à la porte de la maison... J'avais oublié de vous prévenir qu'il y avait une voiture... Sainte vierge ! monsieur Nicolas, si vous aviez entendu comment mademoiselle a crié : Papa, au secours ! au secours ! vous auriez encore ce cri-là dans les oreilles... Et si vous aviez vu le bonhomme Jeoffrin tomber à coups de pieds, à coups de poings sur les agents,... jamais vous ne perdriez l'idée d'un si bon père. Tout ce qu'il y avait sur la table a été cassé, tout, tout ! les verres, les carafes, les bouteilles, les assiettes. Un aria !... Lorsque j'ai voulu me sauver, le commissaire m'a ordonné de ne pas bouger... M. Jeoffrin n'était pas de force à se battre longtemps ; à eux tous, ils l'ont attaché et l'ont couché dans un coin, le pauvre martyr !... Ensuite, ils ont emporté mademoiselle Michelle... Le commissaire avait mis son écharpe autour de ses reins... Je m'attendais à voir une foule dans la rue ; eh bien, pas du tout, il n'y avait que les demoiselles Thiry à leur fenêtre. Le commissaire est entré le premier dans la voiture, puis mademoiselle,... ensuite les agents. Et fouette cocher !... Plus rien... Ils ont dû mettre un mouchoir sur la bouche de la gueuse pour l'empêcher de crier.

Maintenant, Constance réfléchissait, très en colère contre Michelle, dans la robe que celle-ci lui avait donnée.

— Eh ben, dit brusquement Nicolas, l'œil malin, c'est le père Jeoffrin qui n' doit pas rire, s'il est core attaché dans son coin.

— Ah! oui, c'est vrai! répondit la cuisinière, il faut que je vous raconte la fin de l'histoire. Elle n'est pas longue. Aussitôt la police déguerpie, j'ai rendu la liberté au vieux. Il a filé dans sa chambre. Le lendemain, je lui ai demandé mon compte... et me voilà!

— Bon!... Mais l'homme aux lavements, quoiqu' vous en faites dans tout c't emberdouillis-là ?

— Monsieur Blaisot ?

— Oui ; en v'là-z-un qui n' me r' piquera plus à lui acheter d' la pommade pour la teigne !

— Pourquoi ?

— Tiens! parce qu'y m'a filouté donc.

— Lui? C'est pourtant un honnête jeune homme! Mademoiselle Pauline l'aimait à la folie... Moi, c'est ce bon ami-là qu'il m'aurait fallu... J'ai bien envie d'aller me proposer chez lui comme cuisinière.

— Oh! oh! fit Nicolas, j' vous vois venir...

Puis, comme elle disait :

— Monsieur Nicolas, vous devriez bien me

faire cadeau d'une pêche pour me récompenser de vous avoir...

Une voix éclata dans le dos du jardinier :

— A la bonne heure ! Voici déjà un bon moment que je vous admire, Nicolas... Vous vous la coulez douce. Paresseux ! avec qui bavardez-vous ? descendez me parler... Ils sont tous les mêmes !

Quand la tête du jardinier disparut derrière le mur, Constance avait pris la fuite, et le clapotement de ses jupes s'éloignait déjà dans le sentier.

V

Le défenseur de Michelle, maître Ledoux, jeune avocat du plus brillant avenir, se préparait à terminer sa plaidoirie. Le profil délicat, ses favoris blonds traînant sur le poitrail de son ample robe noire, il toussa trois fois; puis, levant les bras, il fit retomber ses larges manches sur ses poignets.

Un grand silence emplissait la salle. Et comme les éclats de voix partis d'un couloir gênaient l'attention, le président dépêcha un huissier aux bavards. On entendait le ronflement sourd d'un poêle, par saccades. A travers les vitres des hautes fenêtres flanquées de rideaux bleus à raies jaunes, la froide journée d'hiver promenait sur les assistants des lueurs tristes.

Maître Ledoux reprit la parole :

— Messieurs les jurés...

Il zézayait un peu, mais dans sa bouche, ce zézaiement devait plaire aux femmes.

— Messieurs les jurés... dit-il encore.

Et il continua : La vérité a une physionomie qu'on ne saurait méconnaître... personne ne peut la voir sans une émotion probante et inaliénable.

Barbelet assis parmi les témoins retomba dans l'hébétation morne qui l'avait saisi aussitôt après avoir vu sa filleule au banc des accusés. La tête lourde, les membres appesantis, la sueur aux tempes, le discours de l'avocat lui produisait l'effet d'une berceuse qu'on lui aurait chantée afin de l'endormir. Et il vivait dans un demi sommeil terrible, sans volonté, sans forces. Un monde de pensées diffuses lui torturait l'esprit, lui agaçait les nerfs, l'accablait. La mise en scène de la cour d'assises lui apparaissait avec une intensité de formes, une perception des couleurs d'une exactitude étrange, avec une acuité excessive d'ombres et de lumières. Il ne pouvait rien écouter, mais son regard lucide envahissait la surface des êtres et celle des choses : les trois juges d'abord, en face de lui, séparés du public par une enceinte, tous la croix de la Légion d'honneur sur la poitrine, nonchalants et implacables dans leurs fauteuils, ne montrant derrière les pupitres que des torses rouges et des visages ennuyés ; au-dessus des juges, dans un cadre d'or, un grand Jésus décharné, sinistre, pendu à une croix, devant la catastrophe d'un bizarre coucher de soleil presque éteint par des montagnes ; à sa gauche le jury : des hommes sombrement vêtus, des plastrons de chemise blancs, des mentons barbus, des joues rasées, quelques crânes chauves ; plus loin, l'avocat général drapé aussi dans une robe rouge, les yeux attentifs, la bouche calme entre des favoris noirs, la tête d'un bourreau bon enfant ; à droite, le greffier,... puis Michelle... oh ! Michelle ! en deuil de Pauline, un col rabattu lui dégageant le cou, la face blême, le front caché par des bandeaux plats, ses lourds cheveux châtains ramassés en boule dans un imperceptible filet. A ses côtés, derrière elle, plusieurs municipaux se tenaient immobiles, sanglés dans leur uniforme, leurs aiguillettes de laine répandues entre une rangée de boutons et l'épaule gauche, les shakos couverts d'une toile cirée, les jugulaires lâches sur les visières. Alors, Barbelet passa en revue les journalistes ; ils étaient une vingtaine qui écrivaient. Les murs s'étendaient tapissés d'hexagones jaunes sur fond bleu. Mais ce fut la bordure de la tapisserie qui arrêta le plus longtemps les yeux du vieillard. Deux mots : *jus*, *lex*, toujours les mêmes, se poursuivaient autour de la salle comme des hirondelles, plus inséparables que des amoureux, l'un faisant rêver à l'échafaud, l'autre à la guillotine. *Jus, lex! Jus, lex!* Deux mots secs et impassibles comme le tic-tac d'un balancier d'horloge! Çà et là, des lustres en cuivre luisaient dans le jour gris répandu sur la foule des témoins, sur les avocats insupportables à force de se sentir chez eux, sur le pêle-mêle attentif des curieux venus là par hasard, des privilégiés commodément placés grâce à leurs relations, sur les femmes étalées un peu partout en bruyantes toilettes parfumées. Au milieu du plafond, dans un fouillis d'ornements très-riches, un glaive et une balance menaçaient le public comme un avertissement.

Barbelet tira son mouchoir de sa poche et s'épongea la face. Maintenant qu'une familiarité s'était établie entre lui et l'aspect des assises, l'usage de sa raison commençait à lui revenir. Il avait eu besoin d'une transition quelconque pour reconquérir sa personnalité encore chancelante, mais déjà plus manifeste, et cette transition avait été la physionomie de son entourage. Où en était la séance?... Que disait-on?... Comment défendait-on Michelle?... Barbelet jeta les yeux sur maître Ledoux. Celui-ci, la parole ardente, le geste rude admonestait la cour :

— La justice n'est pas infaillible. Souvenez-vous de certaines erreurs si épouvantables que la réprobation universelle s'en est emparée pour les cracher au visage de la magistrature... Tranquillisez-vous ! je ne veux pas les énumérer ; je tiens seulement à vous les rappeler aujourd'hui, à cette heure où la vie d'un être faible, d'une jeune fille va dépendre de votre bon vouloir...

Le maladroit !.. L'imbécile ! pensa Barbelet, il va indisposer le jury contre Michelle... Il s'agit bien d'erreurs autrefois commises !... Le pauvre homme tomba dans une immobilité de statue, la tête basse, le regard perdu sous une chaise, devant lui, sur le coin du jupon blanc, sur les talons, sur le bas de robe d'une grosse dame. Et là, des lambeaux de son passé, des bribes du rôle qu'il avait joué depuis quelques mois, se mirent à défiler successivement, par tableaux, comme s'il examinait des souvenirs à travers la lunette d'un stéréoscope enchanté. Il se vit à Issy, au commissariat de police, dans son cabinet, tel qu'il s'était senti le jour où on lui avait apporté l'ordre d'arrêter Michelle fratricide... De quel droit venait-il de traiter l'avocat d'imbécile ?... Pourquoi, au lieu de donner sottement sa démission, sans prévenir Michelle, ne lui avait-il pas écrit : sauve-toi !... fuis !... tu n'es plus mon enfant de prédilection, mais je t'aime tout de même ; on ne te condamnera pas ? Oui, pourquoi ? Quelle stupide maladie de conscience l'avait donc pétrifié ? Deux mots nouveaux : honneur, devoir, plus so-

nores et aussi subtils que ceux de la tapisserie :
jus, lex, flamboyaient en lettres immenses devant
sa colère, mais ils ne surent ni la flatter, ni la
consoler.

Alors Barbelet poussa un tel soupir que la
grosse dame assise devant lui se retourna en souriant. Lui ne la remarqua même point. Il était
rue des Tilleuls, comme jadis, dans la boutique
de Jeoffrin, et Michelle toute petite, la figure
mignonne, son maigre corps d'enfant habillé
d'une robe courte en tartan à carreaux verts
nuancés de bleu, sautillait autour de lui.— Parrain, demandait-elle, qu'est-ce que tu me donneras pour mes étrennes ? — La voix lointaine
était très-douce.

Puis, il se vit aux Moulineaux, sur les routes
poussiéreuses, dans les champs pleins de soleil, au
milieu des rues, à table, au théâtre, partout où
Michelle et lui, bras dessus, bras dessous, lui
déjà vieux, elle jeune encore, avaient promené
l'entente de leur grande amitié. A chaque instant il tressaillait, et on ne sait quelle porte ouverte lui lançait comme des bouffées de l'air libre
que tous deux avaient respiré ensemble. Une
après-midi, dans un magasin, au Louvre, un
commis en parlant d'elle lui avait dit : votre fille.
Ah ! oui, sa fille !... une drôle de fille !... qui
avait empoisonné Pauline... Michelle, sa fille !

il venait de la bien arranger, le jour même, quand le président lui avait crié : Jurez de dire la vérité, rien que la vérité.

Il poussa un nouveau soupir énorme qui intéressa vivement ses voisins. Et il se remémora la minute où il s'était traîné devant la cour, presque contre la table où on avait installé les pièces à conviction : trois ou quatre loques, une serviette sale, plusieurs bocaux pleins de choses atroces ; puis, le serment qu'on avait exigé de lui.

— Levez la main plus haut, avait ordonné le président... Racontez ce que vous savez sur l'accusée.... Tournez-vous du côté du jury.

Il les entendait encore ces phrases ! Elle lui tintaient désagréablement dans les oreilles... N'importe ! il avait tout raconté, tout !... même le secret de Michelle, le secret de son amour pour le pharmacien de Vaugirard, devant les juges,... devant le jury,... devant tout le monde ! l'honneur l'avait voulu ; toujours l'honneur ! Et l'interrogation du président s'adressant à Michelle lui revint à l'esprit :

— Reconnaissez-vous la vérité de ce qu'a dit le témoin?

Un souffle avait répondu :

— Oui, monsieur.

Alors, lui, Barbelet, avait osé regarder sa filleule... Il avait osé la regarder... Miséricorde!

Quel air de victime résignée !... Comme elle l'avait regardé à son tour ! deux grosses larmes sur les joues, une contraction aux lèvres,... sans haine,... avec une intention évidente : celle que César avait exprimée, quand il s'était voilé la face, quand il avait crié à Brutus : Toi aussi !

Non ! non ! Michelle n'était pas coupable ! Ah ! la pauvre madame Jeoffrin ! Ce chagrin l'aurait tuée s'il lui avait fallu voir sa fille ainsi accusée !

Un flot de souvenirs anciens aussi lourds que des voitures chargées passa sur l'esprit de Barbelet. Et il poussa un troisième soupir. Celui-ci navrant, lugubre, si malencontreux et si grotesque sortant de cet amas de chair courbé là, qu'on se le montra, qu'autour de lui, chacun se mit à rire, à ne plus écouter l'avocat.

Maitre Ledoux était pourtant superbe. Il parlait du père de Michelle ; sa voix vibrait avec un accent de douleur admirablement joué. Son geste était devenu lent ; ses favoris blonds pendaient de son visage pitoyable. Brusquement il essaya d'apitoyer le jury sur le sexe de l'accusée, puis il se tut.

Et tandis qu'il s'inclinait devant Michelle, après avoir promené sur l'assemblée un long regard quêteur d'éloges, un grand murmure courait dans la salle. Il commença par un frou-

frou de robes, puis il s'accentua dominé par le tapage qu'on faisait en se mouchant, en s'étirant, en prenant des positions commodes sur les chaises. Au milieu du crépuscule qui se répandait, qui éteignait peu à peu les silhouettes, les objets, la rougeur des juges, les stagiaires formaient un tas noir très-grouillant.

Un huissier cria : Silence ! Chacun écouta.

Le président Balard des Moulins résumait les débats. Sa voix mâle, d'une gravité souveraine était digne du siége qu'il occupait. Le défenseur avait dit : N'oubliez pas que Michelle Jeoffrin est une femme, que par cela même elle doit vous inspirer de la compassion. Lui répéta : N'oubliez pas que Michelle Jeoffrin est une femme ! mais il ajouta : que cela ne vous empêche pas de la juger selon votre conscience et selon l'esprit de la loi. Ensuite, il combattit la péroraison de l'avocat, sans la raisonner, par affirmations brèves, intraitables. Il parla du crime, le retraçant dans toute son horreur, n'admettant pas une minute l'innocence de l'accusée. Il la montra ignoble, occupée à préparer la première dose d'arsenic pour Pauline, froidement, un matin. Il la montra encore en train d'empoisonner les potions de la malade. Il s'étendit longuement sur la passion de Michelle, passion infâme, dégradée, affirma-t-il, parce qu'elle avait pour objet le fiancé d'une sœur. D'ailleurs, qui aurait commis le crime?.. Qui?... sinon celle qu'un exécrable intérêt, qu'un sentiment de lubricité infernal engageait à ne rien ménager.... Tout dernièrement encore, n'avait-on pas vu, à Marseille, une fille tuer sa mère à coups de couteau, la dépecer comme une bête morte? Désirait-on qu'il citât des noms de parricide, afin de bien faire comprendre qu'une sœur pouvait tuer sa sœur sans démériter d'une suite interminable de scélérats?.. Qui donc se permettait de crier : grâce pour une malheureuse ! quand la loi impeccable n'admettait aucune différence entre le crime de l'homme et celui de la femme. La femme n'avait-elle pas une volonté capable de préméditer un forfait? N'avait-elle pas deux bras, et la force nécessaire pour l'accomplir?... Pour quelle raison Michelle Jeoffrin s'était-elle arrogée le droit ne ne point ouvrir la bouche, chaque fois qu'une question relative à elle et à sa sœur lui avait été posée?.. par crainte de se trahir. C'était facile à comprendre !

Le président Balard des Moulins termina son résumé en disant que, depuis quelques mois, les crimes se succédaient avec une rapidité vertigineuse, qu'il fallait des exemples, qu'en face d'une pareille situation, la justice n'avait pas le droit de se montrer timide, sous peine de ne plus être appelée impartiale...

Et cette voix dont le timbre inspirait le respect, produisit un effet énorme sur la foule attentive, sur le jury, sur tous les esprits dont le penchant humain est de ne jamais donner tort à celui qui parle en dernier lieu.

Barbelet pleurait. Le ciel jetait des lueurs fanées dans la salle des assises. La disparition furtive du crépuscule était imminente. Tout ce monde encaissé là, entre quatre murs, avait un aspect morne, un aspect d'ivresse lamentable. Par moments, de lourdes charrettes qui passaient sur le quai voisin, ébranlaient péniblement la masse du Palais de Justice ; et c'étaient les seules sensations qui rappelaient de temps à autre la rue, la vie du dehors, l'heure du dîner, à cette foule accourue pour assister à l'agonie de Michelle. Quel spectacle ! Vraiment, il aurait fallu que le public fût sot pour n'être pas satisfait du drame qu'on lui avait offert, car la mise en scène était soignée, les acteurs excellents, les costumes presque neufs, l'éloquence du président incontestable, l'attitude de l'accusée superbe, l'intrigue on ne peut plus réussie. Michelle Jeoffrin étant très-belle, la représentation avait, par dessus le marché, l'attrait d'une pièce à femme. Et avec tout cela, la nuit, une vraie nuit arrivant à l'heure palpitante, des coins de ciel, de vrais ciels presque noirs derrièr de hautes fenêtres.

Le jury avait quitté la salle pour délibérer. Michelle était sortie au milieu des gardes municipaux. A présent les juges restaient seuls accoudés sur leurs pupitres, causant à voix basse. Des lampes furent déposées devant eux, et on n'aperçut plus que le menton rasé du président et l'épanouissement des croix sur le rouge des robes étincelant sous les abat-jours. La foule discutait. Un homme passa qui alluma les lustres. Alors, il y eut comme un soulagement dans toutes les poitrines. La tribune des journalistes devint bruyante; les femmes caquetaient à qui mieux mieux; au premier rang des avocats, l'un d'eux d'une taille très-élevée, coiffé de sa toque, semblait chercher un visage de connaissance à l'autre bout de la salle. Quelqu'un dit : tiens ! là-bas.... Thérésa ! et un groupe se retourna vers le point indiqué. Plusieurs personnes se préparaient à partir. Une vieille dame se consumait en efforts pour enfiler son manteau de fourrures qu'elle agitait à bout de bras derrière elle. Assez loin de Barbelet, sur la gauche, Aristide Poupelart examinait le fond de son chapeau. Un gardien de la paix sommeillait, son képi relevé, la tête appuyée contre l'encadrement d'une porte. Et dans le brouhaha qui grandissait sans cesse, une curiosité inquiète planait. Décidément Michelle Jeoffrin n'était pas sympathique. Une crainte régnait avant toutes les autres sur cette assemblée : la crainte de ne pas voir le visage de l'accusée, au moment de la condamnation. Beaucoup étaient venus là qui seraient partis désappointés si la peine de mort n'avait pas dû être prononcée. Aucune émotion réelle ne bouleversait la foule. Au dessus du prétoire, le grand Christ n'apparaissait plus que comme une longue tache claire. Un coup de sonnette retentit. On fit : Ah ! C'était le jury qui revenait.

Les juges reprirent leur gravité. Devant la petite porte par où l'accusée devait rentrer, deux gardes municipaux se tenaient debout, la toile cirée de leurs shakos très-brillante.

La physionomie du jury avait changé. Les masques de la première heure n'étaient plus impassibles ; ils paraissaient en proie à une gêne lourde. On lisait une condamnation dans les attitudes.

Un homme très-maigre, entre deux âges, se leva et dit :

— Sur mon honneur et ma conscience, devant Dieu et devant les hommes; la réponse du jury est : oui, sur toutes les questions, à la majorité.

Un frémissement parcourut la foule. Il y eut comme un souffle de tempête qui agita les têtes. Le silence devint effrayant. On entendit de nouveau le ronflement sourd du poêle.

Michelle rentra soutenue par deux gardes. Elle semblait morte.

A sa vue la foule s'était dressée tout entière.

— Assis! assis!

Une voix, l'accent canaille, glapit :

— Ah ben, non alors, si tout le monde se lève...

— Par pudeur au moins, qu'on se taise! cria le président.

Michelle ne voyait rien, mais elle écoutait avec son âme. Quand le greffier lut le verdict du jury, elle ferma les yeux.

Sous la lumière crue du lustre qui resplendissait à quelques mètres d'elle, sa figure et son cou se détachaient d'une pâleur extraordinaire entre sa chevelure sombre et son col blanc ouvert.

A son tour, la cour se retira pour délibérer. La délibération ne fut pas longue. Les juges avaient hâte d'en finir. Le président lut les articles du code :

« Tout meurtre commis avec préméditation est qualifié assassinat.

« Tout coupable d'empoisonnement sera puni de mort.

« En conséquence de quoi, Michelle Jeoffrin est condamnée à la peine de mort. »

La foule fit : Ah! ah!... mort! mort! mort! Le bruit alla en s'éteignant, comme si un écho puissant s'était plu à le répéter.

Alors le président adressa la suprême question à l'accusée :

— Avez-vous quelque objection à faire sur l'application de la peine ?

De sa voix triste, encore plus traînante et plus musicale que d'habitude, elle répondit :

— Oui... monsieur... je n'ai pas de chance !.. pas de chance !

Le président voulut égayer la situation.

— Tout le monde ne peut en avoir, dit-il.

Puis il ouvrit de nouveau le code qu'il avait refermé devant lui, et tandis que, lentement, il lisait :

— Tout condamné à mort aura la tête tranchée.

Des cris éclatèrent dans la foule. Barbelet hagard, épouvanté, le bras droit tendu, désignait Michelle.

Sur les lèvres, sur la bouche, sur le menton de la condamnée, sur le devant de son cou, un flot de sang lui coulait du nez. On la vit se toucher le visage, essayer de prendre son mouchoir dans sa poche, se lever, tomber... Des municipaux l'emportèrent. On sut plus tard, qu'à ses pieds, devant la banquette, il y avait aussi une flaque de sang.

IV

Le fiacre qui, quelques mois auparavant, un soir, avait enlevé Michelle des Moulineaux, l'avait conduite à la prison de Saint-Lazare. Elle s'était beaucoup plainte le long de la route; elle avait beaucoup pleuré. Mais une fois mise au secret, sans trop de brutalités inutiles, une fois lâchée dans une cellule, elle s'était assise, tremblante, fatiguée. Ses jambes refusaient de la porter; ses jointures la cuisaient. Michelle était pourtant une fille très-saine qui n'avait souffert d'aucune maladie, depuis cette fièvre typhoïde qui avait fait d'elle une femme, en la jetant violemment de l'adolescence à la plénitude de ses formes. De tout temps, le fond de son caractère avait été une incompréhensible mollesse d'esprit, un entêtement fabuleux, une résignation inerte. Néanmoins ce crime dont on l'accusait, son départ des Moulineaux, ce fiacre qui avait roulé pendant plus d'une heure, stores baissés, les péripéties de l'incarcération avaient bouleversé Michelle, agacé sa sensibilité. Une lassitude énorme l'accablant de plus en plus, elle avait fini par s'étendre sur le petit lit dressé dans un coin de la cellule.

A sa porte, un gardien veillait. Il était très-enrhumé ; la prisonnière l'entendait tousser, et cela lui donnait du courage pour supporter la solitude. Une horloge sonna dix heures... dix heures et demie... onze heures... et ce bruit, assez rapproché d'elle, parlait si clairement dans le silence, qu'elle l'écoutait comme une voix amie.

Michelle ne pouvait reposer. Petit à petit ses yeux s'étaient habitués au trouble de l'obscurité, à la paix nocturne ; et maintenant elle distinguait les divers objets épars dans la chambre : la table, une tache brillante au milieu du contour incertain d'un pot à eau, deux chaises, des vapeurs errantes sur les murs blanchâtres. Quand elle abaissait les paupières pour essayer de dormir, elle apercevait comme des foyers incandescents qui fulguraient avec un éclat merveilleux ; tout-à-coup ils se changeaient en nappes sombres où des arabesques bizarres se dessinaient ; puis, cela se transformait en pluie d'étincelles, tantôt rouges, tantôt bleues, tantôt d'un vert de scarabées, toujours éblouissantes, tombant sans fracas, pareilles à l'écoulement de silencieuses fusées d'artifice.

Alors elle ouvrait les yeux, et la tristesse de l'étroite cellule la reprenait. Elle se rappelait la chambre bleue où elle avait vécu relativement si heureuse avec Pauline, sa chère Pauline aujourd'hui morte, et qu'on l'accusait d'avoir empoisonnée!... Pauline avait donc été empoisonnée?.. A coup sûr, on se trompait!... Elle revit le cadavre de sa sœur, très-long sous les draps... sa bouche un peu creuse... ses yeux à peine ombrés grâce à la transparence des cils... et des frissons la parcoururent. Elle devait lui ressembler ainsi couchée sur le dos comme elle, la tête renversée sur le traversin. Michelle se retourna contre le mur. Une frayeur de la mort l'avait saisie, et elle n'avait pas voulu en garder l'apparence.

Sa situation lui revint à l'esprit, très-nette. Je suis en prison, se dit-elle, au secret, moi, moi!... Pour quelle raison?... Je n'ai pas de chance! murmura-t-elle encore, non! pas de chance!... Le visage collé sur un bras, elle essaya d'oublier, de ne plus penser... Elle avait froid... Dans la nuit de ses yeux fermés, à la place des ruisselantes visions de lumière qu'elle avait eues, des têtes se montrèrent. Elles sortaient de l'ombre, passaient vite, presque toutes sévères, presque toutes la chevelure indécise. Michelle n'en reconnaissait aucune. Elle essaya d'en arrêter plusieurs au passage, mais elle n'y parvint pas. Souvent trois ou quatre figures se formaient, puis disparaissaient en hâte. Et toujours il en venait de nouvelles ! Cela ressemblait à une végétation humaine qui poussait sous l'effervescence d'une sève inouïe, pour disparaître aussi rapidement qu'elle avait cru.

Une quinte de toux de son gardien ramena la jeune fille au positif de sa situation. Elle avait le front lourd. Un sentiment de malaise vague augmentait encore sa lassitude. Elle se rappela de nouveau Pauline morte, le trou béant au fond duquel on l'avait descendue, et petit à petit elle s'affola : aurait-elle réellement versé du poison à sa sœur ?... Peut-être qu'en dormant !... on ne pouvait jamais savoir !... Mon Dieu ! mon Dieu ! Était-elle assez malheureuse !

Elle cessa de se plaindre pour écouter la cadence d'un pas qu'elle entendit, pour suivre sur la muraille le reflet principal d'une lanterne portée on ne sait où !

Puis elle se sentit bientôt si abandonnée, si seule dans son lit étroit, si entourée d'infini silencieux, si étrangère à tout ce qui l'entourait, qu'un sanglot lui souleva la poitrine. A cette heure, pensait-on à elle, quelque part ?... Son père ? Ah ! comme il l'avait défendue !... Comme elle lui pardonnait tout ce qu'il était possible de pardonner ! Comme elle regrettait de lui avoir refusé les cinquante mille francs de l'oncle Clérambeau ! Aussi, pourquoi ne lui avait-il pas dit simplement : Michelle, j'ai besoin de ton argent, donne-le-moi ?

Elle pensa encore à Pauline ; pauvre petite Pauline !

Un attendrissement doux la consola de beaucoup de choses, lui montra la morte avec moins d'amertume, l'emporta dans un rêve plein de mièvreries sentimentales, de coins langoureux. Et elle se fit une promesse : la promesse de s'occuper de la tombe de sa sœur, de la fleurir, de l'orner. Et elle composa en elle-même le premier bouquet qu'elle apporterait au cimetière, le jour où on la délivrerait, bientôt ! Il lui apparut : des chrysanthèmes, des roses blanches... Elle se voyait l'achetant... sans marchander, chez une petite fleuriste, rue de Vaugirard. Toutes deux causaient : J'ai là deux beaux fusains, tenez ! sur l'étagère... ça pousse très-bien, vous devriez me les prendre. — Non, non, merci ! pas ce matin, une autre fois...

Et le son de sa propre voix, très-affaiblie, lui parvenait encore, quand l'image d'Octave Blaisot vint la terrifier. Son chapeau sur la tête, le pharmacien entrait dans la boutique, lui arrachait le bouquet des mains, le jetait dans la rue. Sainte Vierge ! il la croyait donc empoisonneuse ! Oh ! non, non !

Le décor, la fleuriste, les plantes, les fleurs disparurent. Elle essaya de se justifier devant son rêve, au nom de son amour; elle se vit échevelée, aux genoux du pharmacien; elle se dramatisa elle-même, s'entendant crier, pleurant, lui disant : Vous me croyez donc coupable vous?... vous aussi?... mais vous êtes le seul homme par qui je ne veux pas être méprisée!... mais c'est votre estime qu'il me faut! la vôtre! je me moque de celle des autres...

Elle tendit les bras vers lui et l'entoura d'aveux : Je vous aime! Depuis que je vous connais, mes pensées vous appartiennent. Je tressaillais, quelque chose en moi éclatait en larmes lorsque je vous entendais marcher, parler, rire. J'ai été jalouse de Pauline; j'ai souffert de votre indifférence; je me suis détestée parce que je vous aimais. N'est-ce pas que rien n'est indigne comme de se sentir parfois des sentiments de haine contre sa sœur? Mais, j'ai supporté les baisers que vous lui donniez, votre entente, vos cachotteries, vos égards de frère aimable pour moi... Ce n'était pas toujours facile, allez!...

La porte de la cellule s'ouvrit; un jet de lumière s'abattit sur la prisonnière, et quelqu'un lui dit :

— Eh bien, nous ne dormons pas?... Nous n'avons pas voulu nous déshabiller?... Tant pis!

La porte se referma. Puis le même silence que

précédemment l'entoura, et Octave Blaisot reprit possession d'elle. Oui, maintenant elle ne pouvait plus penser à se marier avec lui. Elle le sentait bien ; il était perdu pour elle. Jamais il ne voudrait d'une femme qu'on avait traînée en prison Perdu ! il est perdu pour moi, se répéta-t-elle ! perdu !

Elle tomba dans un désespoir si sincère, que tout se mit à tourner, à danser une ronde effrénée dont elle fut le centre. Le sentiment du vide l'étreignit, puis un écroulement subit eut lieu en elle, avec un immense fracas qui lui mit un poids sur les côtes et la laissa brisée. Cette fille que l'idée de la mort avait glacée jusqu'aux os une heure auparavant, s'y accrocha soudain comme les gens presque noyés s'accrochent à une épave. La mort ! la mort ! elle voulut mourir. Qu'était-ce que la mort après tout ?... une délivrance. Eh bien, oui ! elle irait rejoindre Pauline, sa mère. Celles-ci l'attendaient peut-être, chassaient la terreur loin de ses pensées. D'ailleurs, vivre sans Octave Blaisot lui était devenu impossible. Toutes les rancunes de Michelle contre la vie tournoyèrent autour de ce nom. Il fut pour elle un inaccessible rocher, contre lequel les fadeurs de son désespoir se heurtaient comme des vagues, sans réussir à l'escalader. Ah ! on pouvait l'interroger à présent, on pouvait venir lui demander : Êtes-vous coupable, oui ou non ? Elle était prête à répondre : oui. Alors elle se serra la gorge entre ses doigts crispés, pour savoir si elle aurait la force de ne se point dédire en face du danger. L'épreuve ne la découragea pas.

Elle éprouvait un atroce besoin de se plaindre, de se poser en victime à ses propres yeux, en victime géante, héroïque, capable de souffrir encore plus d'un martyre avant de s'abandonner au bourreau. Son amour lui sembla une religion plus belle et plus grandiose que son catholicisme. Elle s'immola en effigie. Elle ne vit ni sa mémoire prostituée, ni un oubli possible dans l'avenir, ni la guillotine, ni son corps séparé en deux tronçons par l'infâme couperet, ni son nom profané. Son sempiternel refrain lui emplit de nouveau la bouche : Pas de chance ! pas de chance ! mais, cette fois, il avait le goût de toutes les choses pour lesquelles la mort lui paraissait désirable et bonne.

Michelle parvint à ruser avec sa conscience, à se persuader que cette espèce de suicide auquel elle se condamnait ne pouvait lui être reproché par Dieu, puisqu'il allait être précédé d'une lente agonie incomparable, l'obliger à marcher longtemps encore sur la fameuse route hérissée d'épines, de cailloux tranchants, d'obstacles où pendraient des angoisses, des lambeaux de sa chair, tout son passé. Elle eut l'orgueil du sacrifice ! un orgueil enfantin, un orgueil de désespérée qui s'égosilla devant elle, turbulent et sonore comme un hochet, un orgueil qui l'intéressa, qui la fit se trouver superbe, digne d'émouvoir l'avenir. Et cet orgueil la soutint jusqu'au jour où elle fut réclamée par ses juges. Il s'était si étrangement amalgamé avec sa formidable maladie d'amour qu'elle ne sut jamais les distinguer l'un de l'autre. Ils lui posèrent deux mains solides sous les aisselles, la rudoyèrent souvent, lui campèrent un diadème et une auréole autour du front. La solitude agissant sur elle, mille défaillances la firent trébucher, des terreurs la secouèrent des pieds jusqu'à la tête, mais elle s'en releva, toujours plus passionnée, toujours plus résolue.

Des mois s'écoulèrent : septembre, octobre, novembre. L'instruction marchait difficilement. Dans la cour où l'on conduisait Michelle afin qu'elle prît l'air, l'automne cuivra le feuillage des quelques arbres plantés là ; puis elle les vit se dépouiller peu à peu ; elle assista, presque sans la remarquer, à la chute de leur parure, et bientôt des branches seules coupèrent de leurs zigzags grêles le coin de ciel tantôt gris, tantôt bleu de la prison.

A chacune des questions qu'on lui posait sur

sa sœur, elle répondait invariablement : Je ne sais pas. Ce fut tout ce qu'on put tirer de cette fille, proclamée néanmoins d'humeur très-douce ; et ce fut tout le système de défense qu'elle employa. Elle parlait peu, ne refusait de répondre à personne, mangeait avec appétit.

Vers la fin de janvier, un matin, Michelle avait supplié qu'on lui permît de regarder la neige tomber. Et pendant plus d'une demi-heure elle était restée le visage collé contre une vitre. Devant elle, derrière une avalanche de flocons blancs qui voltigeaient, un grand mur se dressait couronné de plaques de zinc, de cheminées en tuile, de neige. Pas une fenêtre ne l'égayait. Il était d'un gris sale, rayé par de longues traînées pisseuses. Sous les cheminées fumantes le plâtre était marbré de taches rousses. Dans une cavité, un moineau frileux sommeillait, ouvrant le bec de temps en temps.

L'ancienne amitié de Michelle pour les jours tristes ne l'impressionna pas cette fois de la même manière qu'à l'époque où elle était libre, aux Moulineaux. Et elle retrouva sa cellule avec un certain plaisir, et elle eut une longue conversation sur Dieu avec une des sœurs chargées de la soigner. Quinze jours après, elle était condamnée à mort, transférée à la prison de la Roquette.

Ce fut là que Jeoffrin vint la voir, impressionné par les instances de Barbelet. Maintenant l'ancien horloger maudissait sa fille, disait regretter de ne pas avoir aidé les agents de police à l'emmener. Tout son temps se passait à vociférer contre Michelle, à la renier, à se traiter de cocu. Un soir, il demanda à l'ex-commissaire de police :

— Sais-tu qui a été l'amant de ma femme, le père de Michelle?... Ce n'est pas toi, au moins ?

Barbelet avait encore failli se brouiller avec lui. Cependant Jeoffrin continuait à habiter la maison des Moulineaux. Il n'avait pas voulu déménager,... à cause de ses paperasses et de son invention. Le lendemain de la condamnation de Michelle, quelqu'un l'ayant appelé : Monsieur Jeoffrin ! il s'était fâché :

— Je ne veux plus qu'on m'appelle Jeoffrin. Le Jeoffrin dont vous me parlez avait deux filles; moi, je n'en ai plus.

Aujourd'hui qu'il se voyait le maître de la fortune de ses enfants, il choisissait déjà les fournisseurs qui devaient lui procurer, au plus bas prix possible, les matières indispensables à la construction de son aérostat. Et il vaquait à ses affaires, inconnu, sournois comme un défroqué.

Le lendemain du jour où Barbelet avait obtenu de lui qu'il allât voir Michelle, il faisait un temps d'hiver très-sec. La gelée avait durci les routes. L'avenue des Moulineaux s'étendait froide, entre ses deux rangées d'arbres branchus, striant de lignes noires le ciel vaporeux que traversaient les rayons d'un soleil pâle. Dans les ruisseaux, de loin, la glace brillait comme de l'argent. Le gazon de la colline d'Issy montait très-droit sous une légère poudre blanche. Au fond de la vallée, les toits en tuile des fabriques étincelaient; leurs cheminées fumaient toujours, éparpillant de longs nuages noirs autour d'elles. La puanteur des tanneries ne saisissait plus l'odorat. Presque au niveau de ses rives dépouillées de verdure, au loin, la Seine encombrée de glaçons coulait pesamment, d'une blancheur jaune. A partir du talus de la route, la terre des champs, semée de pointes éclatantes, s'allongeait rude comme un sombre lac pétrifié, jusqu'à une ceinture de maisons, jusqu'à une rangée de peupliers dont les cimes enchevêtrées de gui ressemblaient à d'immenses nids abandonnés. Au bout de l'avenue, sur la droite, le parc d'Issy, ainsi vu à distance, paraissait un tas de fagots appuyés debout contre le ciel.

Mais quand Jeoffrin le longea, il le vit tel qu'il était, lançant vers les nues comme un crépitement silencieux de branches zébrées d'énormes troncs moussus; les uns d'un roux moelleux, les autres entourés d'épaisses couches verdâtres ; ceux-ci escaladés par des lierres, ceux-là rugueux, l'air sauvage ; mille autres encore, aux deux tiers cachés par des arbustes à longues vergettes, voilés par des rideaux de menus bois follement entrelacés, par des ramures fantasques. Le parc se hérissait dans la splendeur froide du jour. Tout-à-coup des éclaircies de ciel découpaient la flèche d'un pigeonnier, le chaume d'une hutte, riaient parmi les bouleaux, papillotaient, se traînaient mélancoliques ; puis les vieux massifs redevenaient lourdement obscurs, ombreux sans feuilles, interceptant l'horizon, fiers de leur antiquité, de leurs chênes monstrueux, de leurs guirlandes de lianes. Et sur la rondeur de certains troncs, il y avait comme des larmes de soleil éphémère qui coulaient. Une implacable paix dormait là, au milieu de ces arbres, dans la sérénité glacée de ce coin hivernal ; et quand Jeoffrin passa, elle lui tomba sur les épaules. Il ne la comprit point.

Michelle l'inquiétait ; il éprouvait le besoin de la voir, de lui parler. Une visite à la Roquette lui semblait maintenant indispensable. Il marchait si absorbé, qu'il heurta une branche cassée qui pendait sur la route, le long du mur bas du parc. Cependant, lorsqu'il eut traversé le bourg d'Issy, une crainte l'agita. Quelle figure devait-il faire à sa fille ? Allait-il s'armer de reproches, ou lui apparaître sans colère ?... Une envie formidable de fuir Paris, de se cacher en province, au fond de quelque obscur village, s'empara de lui... Il entra dans un café borgne, afin de se donner le temps de réfléchir ; et après avoir demandé un petit verre de cognac, il resta un bon quart d'heure, la tête entre ses mains, un journal sous le nez. Sa résolution prise, il paya sa consommation, monta dans un fiacre, et cria au cocher :

— A la Roquette !

Le fiacre partit. Au bout de vingt minutes, bercé par le roulement de la voiture, fatigué d'avoir veillé tard, la nuit précédente, Jeoffrin dormait.

Quand il ouvrit les yeux, le terrain gris de la place de la Bastille l'entourait. Au sommet de la colonne de Juillet, le grand Génie de la liberté étincelait sous le ciel froid. Le long du quai, sur un trottoir, quelques chétifs marronniers ressemblaient à des manches de balais plantés dans l'asphalte. Un omnibus bondé de monde se dirigeait vers le boulevard Beaumarchais, et Jeoffrin, la tête à la portière de son fiacre, eut le temps de l'examiner, d'apercevoir une blonde frimousse d'enfant coiffé d'un béret bleu, deux grands yeux qui le regardèrent au milieu d'un rond clair fait avec la main dans la buée d'une vitre. Cette vision le hanta, sans qu'il pût s'expliquer pourquoi, par hasard. Et durant plusieurs minutes, il eut comme une sympathie pour cette petite tête. Puis, ce caprice éveillé on ne sait trop comment dans cet esprit indéchiffrable, s'éteignit aussi vite qu'il s'était allumé.

La rue de la Roquette intéressa Jeoffrin. Les passants filaient sur le pavé des trottoirs, le bout du nez rose, le dos un peu rond sous la froidure. D'innombrables boutiques de marchands de vin se suivaient, séparées à peine les unes des autres par une échoppe, par l'éclat violent d'un étalage de légumes, par la mine béate d'une épicerie. On sentait que les mastroquets se trouvaient dans leur quartier, adorés, cajolés. Jeoffrin en remarqua un. Il était ventru, la peau culottée, si omnipotent qu'il barrait sa porte. Il fumait une grosse pipe de merisier, le chef orné d'une casquette plate, les épaules chaudes dans un large tricot en laine marron à raies lilas. A côté de lui, derrière sa vitrine, devant un aquarium rocailleux où nageaient des poissons rouges, plusieurs bouteilles représentaient des bustes de M. Thiers, la poitrine pleine de liqueurs, le crâne surmonté d'un bouchon. Ils regardaient tous la rue, l'air maussade, comme las de popularité.

Dans l'encadrement vert d'une boucherie où

des bêtes écorchées pendaient, sur une pancarte installée au milieu du ventre béant et gras d'un animal, Jeoffrin lut : âne. Il chercha l'enseigne, vit : boucherie hippophagique, maison Prevost, et ricana.

Le fiacre traversa le boulevard Voltaire, continuant sa course vers la Roquette. L'aspect de la rue avait changé. Les marchands de vin étaient devenus moins nombreux. C'est à peine si on en apercevait quelques-uns, à l'ombre, penchés sur des comptoirs ternes, entre des boutiques de marbrier ou des tombeaux s'étalaient dans la fraîcheur de leurs pierres grattées. Tout le clinquant des cimetières luisait là. Des colonnes portaient des trophées de couronnes en perles noires et blanches, des sujets pieux en stuc, des feuillages en zinc fleuris de pensées en zinc aussi. Puis, sur des chaises, sur les monuments funéraires, sur des étagères, contre des croix nouvellement peintes, d'énormes bouquets d'immortelles jaunes, rouges, violettes, noires, écrasaient de leur floraison dure la simplicité douce des autres couleurs. C'étaient encore des piles de couronnes autour desquelles jouaient des lettres : A mon père !... Souvenir !... A Louise ! L'une d'elles disait : A ma fille ! et Jeoffrin se souvint de la sienne.

Le fiacre déboucha sur la place de la Roquette.

Une minute après, il s'arrêtait. Jeoffrin sauta par terre, et tandis qu'il payait son cocher, celui-ci lui demanda :

— Voulez-vous que je vous montre l'endroit où l'on guillotine ?

— Oui, répondit l'ancien horloger.

— Voyez-vous cinq pierres plus plates et plus longues que les pavés ?... Tenez ! dans la direction de mon bras... Montez sur le marche-pied, vous serez mieux. Les voyez-vous ?

— Oui.

— Eh bien, c'est là !

— Ah ! fit Jeoffrin.

Et tournant le dos à la voiture, il entra dans la prison. Le matin même, Barbelet lui avait remis une autorisation de la préfecture pour voir Michelle. Au greffe, un gardien fut chargé de le conduire à la cellule de sa fille. Elle venait de quitter l'infirmerie. Quand la condamnée aperçut son père, elle lui sauta au cou. Les surveillants se retirèrent; et l'on n'entendit plus que le pas régulier d'un soldat.

Michelle était vêtue de sa robe noire. On lui avait permis de la conserver. Sa cellule ressemblait beaucoup à celle où on l'avait enfermée à Saint-Lazare. Jeoffrin remarqua combien sa fille était maigre et changée. Son front et ses tempes avaient une pâleur de cire. Un cercle noirâtre, presque bleu lui entourait chaque œil d'une ombre. Ses lèvres étaient décolorées. On lui avait déjà coupé les cheveux. Et longtemps elle pleura sur la poitrine de son père.

Une sueur abondante perlait sur le crâne chauve et sur le front de Jeoffrin. Ils n'échangeaient pas une parole. Des sanglots redoublés secouaient la jeune fille. A la fin, elle dit :

— Embrasse-moi.

Et comme il hésitait :

— Je veux que tu m'embrasses, reprit-elle... Embrasse-moi, je t'en supplie...

Elle lui promenait fortement les mains sur les épaules. Alors il lui effleura les cheveux de ses lèvres ; mais ce baiser douteux ne la satisfit point Elle reprit, la voix sèche :

— Tu me crois donc coupable ?

Il ne répondit pas, elle cessa de le caresser, la face meurtrie, la démarche mal assurée.

— Je suis malade, balbutia-t-elle. Tu vois... je me tiens à peine debout...

Jeoffrin lui approcha une chaise. Au bout d'un instant de silence, elle l'interrogea doucement :

— Pourquoi t'es-tu battu avec les agents de police, puisque tu me croyais coupable ?

Ses yeux fauves gênaient Jeoffrin. Une reconnaissance démesurée les inondait, essayant de traverser les vêtements du vieil horloger pour pénétrer jusqu'à son cœur, pour briser la cuirasse de froideur dont il s'était armé.

Lui, changea sa ligne de conduite. Il prit un siége, s'approcha d'elle, et lui dit très-bas :

— Sais-tu si on nous écoute?

— Je ne crois pas.

— N'importe! reprit-il, méfions-nous.

Et pendant qu'elle se penchait vers lui, afin de l'écouter, sans le regarder, il lui saisit la tête entre ses bras, et se mit à l'embrasser. Elle fit :

— Oh! papa, mon cher papa...

Puis elle ferma les yeux, défaillante, et lui tomba presque entre les bras. Elle était si faible que cette brusque joie inattendue venait de l'affaiblir encore. Elle voulut se justifier :

— On m'a condamnée injustement... Je te jure que je suis innocente!... que les juges se sont trompés... mais tant mieux!...

Jeoffrin l'interrompit :

— Tu aimais donc Octave?

Une rougeur légère colora les joues blêmes de Michelle.

— Ma pauvre enfant! ajouta-t-il.

A la porte de la cellule, la sentinelle ne marchait plus. Jeoffrin lança un coup d'œil d'intelligence à sa fille; ensuite, assez haut pour qu'on pût l'entendre, il dit :

— Et ton pourvoi?

Elle répondit :

— Je n'ai pas voulu le signer.

Il continua, sans attacher la moindre importance à ce qu'elle venait de dire :

— Tu n'as pas froid ?

— Non, père.

— Il parait que tu as saigné du nez, que tu as été souffrante ?...

— Oh ! rien... presque rien. Tu vois, aujourd'hui c'est passé.

Il lui parlait très-paternellement; mais il y avait entre eux un je ne sais quoi qui les embarrassait, qui mettait comme une antipathie entre des pensées qu'ils n'exprimaient pas. Dans le jour blanc de la prison, tous deux avaient le teint cadavéreux, l'air misérable. Michelle demanda :

— C'est vrai, alors ? Pauline est morte empoisonnée ?...

— Oui.

— Avec de l'arsenic ?

— Oui.

— Mais qui l'a empoisonnée ?... qui ?

Et tandis que Jeoffrin semblait lui dire : Dame ! c'est toi. Le cœur de Michelle se serra, et elle répéta encore :

— Je te jure que je ne suis pas coupable... Me crois-tu ?

Il devint bonhomme.

— Qui veux-tu que ce soit?

Mais un travail s'opéra dans l'esprit de Michelle. Elle se rappela l'indifférence monstrueuse de son père, la scène qu'il lui avait faite au sujet des cinquante mille francs de l'oncle Clérambeau, le soufflet! les débuts de la maladie de Pauline... et tout cela se mit à plaider en elle contre Jeoffrin.

Au moment où il lui répéta tranquillement :

— Oui... qui veux-tu que ce soit?

Elle fut sur le point de lui répondre : Toi!... Quelque chose la retint. Des larmes lui coulaient des yeux, ruisselant sur ses joues. Elle ouvrit de nouveau la bouche pour crier : C'est toi qui as tué Pauline! J'en suis sûre... C'est toi! Mais la physionomie de son père la glaça de terreur, la rendit plus froide que du marbre.

Jeoffrin s'était dressé devant elle. Il venait de se sentir découvert...

Une épouvante folle s'était emparée de lui. Sa perte lui apparut avec un tel caractère d'imminence qu'il faillit se jeter sur Michelle pour l'étrangler. Par bonheur, il était l'homme des ruses basses plutôt que le criminel des actes forcenés. Il n'osa pas. L'espoir de gagner la rue, de s'enfuir, de se cacher n'importe où l'émut un instant... mais, à son tour, il eut peur de Michelle et il resta, penaud, désolé, furieux de voir ses combinaisons anéanties, de s'être précipité en aveugle dans une aventure, d'avoir suivi les conseils de Barbelet, alors qu'un sentiment impérieux aurait dû l'éloigner de sa fille.

Bien qu'il se déroulât sans gestes, sans éclats de voix, ce drame intime n'en était ni moins terrible, ni moins poignant. Un profond silence régnait dans la cellule.

Un gardien ouvrit la porte, puis la referma, satisfait de la tenue du visiteur et de la physionomie de la condamnée.

Alors, d'une voix sourde, à peine distincte, Jeoffrin murmura :

— Il me fallait de l'argent... tu sais pourquoi... Oh ! je sais bien que je ne vaux pas grand'chose !...

Puis comme Michelle allait lui répondre, d'un geste violent il lui imposa de se taire.

— Ne parle pas, continua-t-il, je te défends de parler... On pourrait t'entendre. Si tu parlais trop fort, tu m'obligerais à te casser la tête d'un coup de chaise.

Maintenant il se reprochait de s'être laissé surprendre, d'avoir accepté une situation fausse, avant même d'avoir été accusé.

— Laisse-moi... Va-t-en ! lui ordonna Michelle.

Jeoffrin, redevenu son maître, ne bougea pas. Il regarda sa montre :

— Je n'ai plus que dix minutes à causer avec toi, dit-il.

La frayeur le rendit stupide, et toutes les bêtises lui semblèrent suffisantes pour circonvenir Michelle. Il lui débita ce qui lui poussait dans l'esprit :

— Ne me trahis pas... Je suis un misérable! tu es une sainte toi... Jure-moi, sur ce que tu as de plus sacré au monde, que tu m'épargneras. D'ailleurs, tu seras grâciée... Tu verras que je te ferai grâcier... J'irai voir le maréchal... Il me recevra... Mon invention est cause de tout. Elle m'a rendu mauvais... Je n'étais déjà pas la crème des hommes...

Il voulut l'embrasser ; elle recula. Il reprit :

— Tu as raison. Je ne suis plus digne de toi.

Il s'agenouilla devant sa fille :

— Je comprends ton dévouement... Tu avais deviné!... Voilà pourquoi tu n'as rien voulu répondre aux juges quand ils t'interrogeaient. Chère enfant, va!... Pauvre martyre!... Oh! tu n'as rien de moi... C'est de ta mère que tu tiens ta sagesse et tes qualités!... Je suis un lâche!... un gredin!... Jure-moi que tu ne me dénonceras pas...

Michelle répondit :

— Va-t-en!... Je jure...

Il se releva, balbutiant encore des paroles inintelligibles, d'une voix sifflante. Alors Michelle lui demanda :

— Veux-tu me rendre un service ?

— Oui, fit-il.

Elle tira de sa poche deux bouts de papier pliés, et les lui tendit :

— Envoie-les à leur adresse, quand je serai morte.

— Désires-tu que je revienne ?

— Non, répondit-elle.

Et saisie de vertige en face de cet homme, son père, tout son passé, elle ne put s'empêcher de lui tendre les bras, de s'effondrer dans un dernier sentiment d'affection.

Jeoffrin partit. Aussitôt sur la place de la Roquette, il héla une voiture, cria au cocher : A Montmartre ! Et tandis que le fiacre descendait vers Paris, se rappelant les deux billets que Michelle lui avait confiés, il les prit, les tourna dans ses mains. Une curiosité malsaine l'engageait à les lire. Il n'y résista pas. Le premier qu'il ouvrit s'adressait à Barbelet :

« Je vous pardonne.

« Votre petite amie qui est déjà presque morte.

« MICHELLE. »

Celle-ci l'avait écrit avec un bout de mine de plomb trouvé par terre.

Le second, moins laconique, était pour le pharmacien de Vaugirard :

« Octave,

« Je regrette de tout mon cœur que votre nom ait été mêlé à mon procès. Lorsque je ne serai plus, tâchez de vous souvenir de moi sans trop d'amertume, car je vous ai bien aimé... Il me semble que je vous aurais rendu heureux! Ce n'est pas moi qui ai tué Pauline... Adieu! je meurs désespérée de ne pouvoir être votre femme.

« MICHELLE. »

Et quand Jeoffrin eut ainsi violé ces deux lettres, il fut joyeux. Sa fille mourait pour Octave Blaisot, donc elle n'avait aucun intérêt à trahir papa. Et il se dit : l'intérêt! voilà ce qui dirige les hommes! Chacun est esclave de l'intérêt...

Puis, mâchant les deux billets, il les dissémina par minces boulettes, dans la rue. Une heure après, il louait une chambre dans un petit hôtel de Montmartre, à seule fin de dépister les recherches si, par hasard, Michelle venait à se repentir de sa suprême résolution.

Celle-ci, gardée à vue, était retombée dans son apathie habituelle. L'idée de dénoncer son père ne la tracassait pas. Mais comment ne l'avait-elle pas soupçonné tout d'abord?... Quel père Dieu lui avait donné là!... Elle regretta de l'avoir chargé de ses lettres... Elle se reprocha leur formule, croyant bien qu'elle aurait pu les écrire plus délicates, plus touchantes. Néanmoins, des larmes lui affluèrent aux yeux, quand elle pensa aux simples choses qu'elle avait trouvées pour Barbelet : Je vous pardonne !... Votre petite amie qui est déjà presque morte... Elle se répéta : presque morte ! pesant les mots, les commentant avec une émotion sereine, s'attendrissant sur mille pensées qu'elle y voyait.

Le tremblement qui l'avait bouleversée, au moment où elle avait compris son père, ne la quittait plus. Elle entrevit la guillotine, mais dans une vision indécise. Michelle était décidée à mourir ; cependant, malgré sa faiblesse, elle se sentait encore si pleine de vie sur sa chaise de prison, qu'elle ne croyait pas sa mort prochaine. Elle avait beau se crier : Je veux rejoindre Pauline, maman, leur conter mes peines, me plaindre à elles de tous ceux qui m'ont brisée. Jamais la manière atroce dont on devait lui couper le cou ne l'avait effrayée. Son esprit lui réservait les terreurs de la guillotine pour sa dernière matinée.

Soudain, le crime de Jeoffrin ne l'étonna plus. Un tel nimbe de boue entoura le vieil horloger, qu'elle n'essaya même pas de l'en débarbouiller, de caresser encore une illusion sur son compte.

Et là silhouette d'Octave Blaisot se remit à lui passer devant les yeux, douloureusement. Toutes les séductions tombaient du pharmacien autour d'elle, lui serraient le cœur. Elle le détaillait, se rappelant quelques-uns de ses gestes familiers, ses moustaches noires, ses cheveux toujours si soignés, la nuance uniformément bleue à pois blancs de ses cravates. Et elle le regrettait de toutes les forces de son imagination. Elle eut même une pensée maternelle pour lui : on doit le considérer comme un héros de roman, aujourd'hui. Sa pharmacie ne doit plus désemplir... Mon procès sera peut-être le point de départ de sa fortune... — Elle fut jalouse ! jalouse de la femme qu'Octave Blaisot épouserait plus tard...

La porte de la cellule s'ouvrit. Michelle releva la tête ; et l'abbé Roche entra. L'aumônier de la prison l'accompagnait.

— Ne vous dérangez pas. Restez assise, mon enfant, dit-il.

Le gardien se retira.

— Pourquoi tremblez-vous ? ajouta le vieillard. Il ne fait pourtant pas froid ici.

Michelle répondit :

— Je ne sais pas.

Il reprit :

— Je vous amène l'abbé Roche. Il m'a prié de lui céder ma place auprès de vous.

Les deux prêtres étaient tristes. Ils venaient d'apprendre que le recours en grâce formulé au nom de Michelle avait été rejeté, que l'exécution devait avoir lieu le lendemain. Tous deux paraissaient très-accablés, leurs larges chapeaux noirs à la main.

— Allons ! ma fille, dit l'aumônier, j'ai des prisonniers à voir. Je vous laisse avec l'abbé Roche. A bientôt !

Il sortit, et le petit curé d'Issy resta seul avec la condamnée. Il avait la face couperosée par le froid. Enveloppé dans son long pardessus noir à collet de velours, il paraissait très-bon. La jeune fille se tenait debout à quelques pas de lui. Il se rapprocha d'elle :

— Vous n'avez rien à me dire ?

— Non, fit-elle.

— Il paraît que vous avez un peu négligé vos devoirs de religion, reprit-il.

Elle ne répondit pas.

— Vous avez refusé de communier... Ce n'est pas bien... Pourquoi ?

Elle pleura. L'abbé reprit :

— Vous savez, il n'est jamais trop tard pour se repentir. La bonté de Dieu est infinie ; il est toujours prêt à pardonner. C'est un père...

Michelle pensa au sien. L'abbé Roche lui prit la main :

— Vous aviez une dévotion particulière pour la Sainte Vierge, autrefois?

Elle le regarda.

— Est-ce que vous ne voudriez pas vous confesser?... demander à Notre Seigneur Jésus-Christ la rémission de vos péchés?

Elle sembla hésiter un instant.

— Voyons, reprit-il, ma chère enfant, vous n'avez donc plus confiance en moi? Je n'ai pourtant pas cessé de vous affectionner... de prier pour vous. La miséricorde divine...

Elle s'agenouilla devant lui.

— Je me confesse à vous, mon père, dit-elle, parce que j'ai péché. Je me confesse à Dieu tout-puissant, à la bienheureuse Marie toujours vierge, au bienheureux Michel archange, au bienheureux Jean-Baptiste, aux saints apôtres Pierre et Paul...

Sa voix s'était assourdie, et l'on n'entendit plus qu'un murmure suave, que la mélodie d'une prière poussée vers le ciel avec une ferveur extatique.

— Voulez-vous que nous allions à la chapelle, demanda l'abbé Roche?

Elle répondit :

— Non.

Le prêtre s'assit devant elle, et elle se confessa :

— Je m'accuse d'avoir eu un amour coupable, de l'avoir encore... Je m'accuse de ne pas aimer mon père. — Je m'accuse d'avoir été jalouse de Pauline.

Sa voix était douce et grave comme un bourdonnement d'orgue. Ainsi agenouillée aux pieds de ce prêtre, sa beauté de pécheresse avait une limpidité angélique. — Elle continua :

— Je m'accuse de ne m'être pas soumise sans plaintes aux décrets de la Providence... d'avoir douté de Dieu.

Elle se tut. Et comme l'abbé Roche attendait l'aveu du crime pour lequel Michelle avait été condamnée, la nuit laissa tomber quelques lambeaux d'ombre dans la cellule.

— Eh bien? demanda le confesseur.

— C'est tout, répondit la pénitente.

Elle avait incliné la tête et jouissait malgré elle de l'étonnement du prêtre. Il reprit :

— Vous n'oubliez rien ?

— Rien ! fit-elle.

Il lui reprocha d'avoir empoisonné Pauline. Elle répliqua :

— Ce n'est pas moi.

L'abbé frissonna :

— Mais si ce n'est pas vous, qui est-ce donc ?

Elle inclina la tête encore plus bas, sans répondre ; et plus loin que ses cheveux coupés, l'abbé Roche aperçut son cou, ce cou qu'il savait devoir être tranché le lendemain. Il ferma les yeux, et une immense pitié pour la condamné l'envahit.

— Seigneur ! dit-il.

La cellule s'obscurcissait de plus en plus. L'ombre s'éparpillait, traînait sur la blancheur des murs, sur le petit lit calme dans un coin, sous une table. Un roulement lointain de voitures montait.

L'abbé Roche voulut parler, mais il ne trouva rien à dire. Une émotion puissante lui arrêtait les mots dans la gorge, lui atrophiait l'intelligence. Il contempla de nouveau la jeune fille, se la rappela telle qu'il l'avait vue le jour de sa première communion, en robe blanche, déjà grande pour son âge. Il eut le bon sens de ne plus l'interroger.

— Terminez votre *confiteor*, balbutia-t-il.

— Par ma faute, par ma faute, par ma très-grande faute..., dit Michelle en se frappant la poitrine. Sa voix s'éteignit encore...

L'abbé Roche ne pensa même pas à lui infliger une pénitence ; il lui donna l'absolution. Et quand Michelle se releva, il l'embrassa, ne pouvant retenir ses larmes, si sincère que malgré les ridicules de sa malheureuse taille de nain, il était sublime de douleur vraie, de charité. L'innocence de cette condamnée l'avait frappé de mutisme. Il finit cependant par lui dire :

— Je reviendrai... Offrez à Dieu vos souffrances, mon enfant. Du courage!... A bientôt ! Une récompense céleste vous attend.

Elle répondit :

— Je l'espère !

Et il s'en alla. — On servit à dîner à Michelle ; elle ne put manger. Maintenant, une exaltation irraisonnée la dominait. Loin de l'abattre, son entrevue avec l'abbé Roche avait ranimé ses forces, l'avait faite plus capable de tout supporter. Elle se promena dans sa cellule, interrogea son gardien, lui demanda des détails sur la prison, sur les prisonniers, sur leur manière de vivre. Quand l'heure de se coucher fut venue, elle se déshabilla et s'étendit voluptueusement dans son lit. Sa conscience était plus tranquille ; son amour se dégageait de ses liens terrestres, semblait s'épurer grâce à des contemplations d'outre-tombe. Et elle se disait : Enfin ! j'ai obtenu le droit de mourir, puisque mon père m'a ordonné de le sauver. Elle oublia que depuis longtemps déjà elle s'était condamnée à mort. Elle fut toute au côté romanesque de sa situation. J'aurai accompli mon devoir jusqu'au bout, pensa-t-elle ! Mon père va m'être redevable de quelque chose !... et il ne m'a jamais aimée !...

Cette idée était si belle, lui apparaissait dans une telle apothéose de désintéressement que sa chair en tressaillait. Puis, son exaltation l'abandonna, les nuages de son esprit se dissipèrent, et il lui fallut ruser avec elle-même, devenir hypocrite pour se convaincre que le danger de son père l'engageait seul à mourir. Elle craignit d'avoir méprisé son amour en ne lui donnant qu'une seconde place dans ses résolutions haineuses contre la vie. Mais cela ne dura pas. Et son dévouement à la cause paternelle revint modifier certains remords sournois; et elle se rendit compte d'une chose : c'est que, somme toute, elle n'avait qu'une raison de plus pour en finir avec les déboires de ce monde. Une confusion se fit dans ses pensées... Michelle s'endormit. Le sang qu'elle avait perdu lui procura un sommeil paisible. Et longtemps elle resta sans rêver, comme une bête harassée. Elle était si faible qu'elle s'agitait à peine dans son lit.

Vers les deux heures du matin, elle entendit un carillon joyeux de cloches, un petit carillon clair, qui semblait avoir traversé des lieues pour lui parvenir. Il commença par un murmure lent. Deux voix se répondaient, semblaient s'encourager à des confidences. L'une était caressante, légère comme une voix de femme heureuse; l'autre parlait sur un ton plus ferme. Elles causèrent,

toujours lointaines, toujours lentes, tantôt celle-
ci tantôt celle-là, se mélangeant, se séparant,
s'éloignant, comme si elles dansaient au bruit de
leur gaité. Et tout-à-coup, elles se mirent à jacas-
ser, pareilles à deux pies très-haut perchées.
Leur bavardage devint assourdissant. Dig! faisait la petite cloche; dig! dom! répondait la
grosse. Michelle les reconnut. C'était l'église
d'Issy qui s'amusait, qui se réjouissait sous un
ciel d'été d'un bleu exquis. Sur le toit de l'église,
sur les cheminées voisines, sur les gouttières,
partout des bandes d'oisillons dressés sur leurs
pattes grêles, les ailes pendantes, chantaient tant
qu'ils pouvaient. Le long d'une plate-forme, il y
avait un groupe de bouvreuils, le ventre rouge,
le dos noir, qui sifflaient merveilleusement. Michelle distinguait jusqu'à leurs petits yeux ronds
et brillants, jusqu'à leurs becs ouverts où s'agitaient leurs fines langues pointues. A côté d'eux
sur l'appui d'un court balcon, parmi des pots
vides, accrochés à des branches d'arbustes, tas-
sés sur un rosier blanc tout en fleurs, des chardonnerets s'égosillaient dans un rayon de soleil.
Des hirondelles serrées les unes contre les autres
sur un fil télégraphique, la poitrine blanche, formaient un long ruban qui jasait. Et çà et là,
parmi les maisons du voisinage, c'étaient des
rossignols! des troupes de pinsons! des tarins

accumulés comme une mousse verdâtre ! des tas gris de linottes ! Ils s'évertuaient à lancer leurs plus belles roulades. L'air était imprégné comme d'un gazouillis que Michelle respirait. Sur la crête d'un toit en réparation, derrière l'église, un fourmillement de fauvettes jetait l'éclat de ses notes langoureuses et sonores au milieu de l'étrange concert. Michelle ne se lassait pas de regarder, d'entendre. Le bavardage des cloches accompagnait la joie des oiseaux. Et brusquement, dans toutes les directions, ceux-ci s'envolèrent avec un grand frou-frou d'ailes. L'étincellement des ardoises au soleil augmenta. Des flaques lumineuses paraissaient couler vers les gouttières. Des briques scintillaient comme des pierres précieuses. Autour des cheminées soutenues par des tiges de fer, les placages de mortier roussi prenaient autant d'importance que les loques suspendues à quelques fenêtres.

Les cloches parlaient toujours.

Michelle s'occupa de la rue principale d'Issy, au bout de laquelle un cortége avançait. La façade des maisons voilée de draps était enguirlandée comme pour une procession. A la tête du cortége, Jeoffrin marchait en habit de gala, trop sérieux selon son habitude. Une femme, une fiancée en toilette blanche, sous un voile qui voltigeait, lui donnait le bras. Michelle se reconnut, et son cœur battit. Derrière Jeoffrin, Pauline dans un joli costume de soie bleue, coiffée d'un mignon chapeau, bleu aussi, sous une ombrelle rose, causait avec Octave Blaisot. La noce suivait : les Poupelart, Barbelet, des gens de connaissance, les demoiselles Thiry, plusieurs parents et amis du pharmacien, quelques jeunes filles endimanchées. Tout ce monde riait, se parlait avec des minauderies charmantes. Un souffle de printemps égayait les visages, batifolait avec les mèches blondes de Pauline, jouait dans la fraîcheur des robes claires.

Et les cloches criaient au cortége : Mais dépêchez-vous donc ! Je ne comprends pas qu'on soit si lambin. Vous vous faites attendre. Michelle se demanda : est-ce que je suis bien éveillée ?... Quel bonheur ! je ne rêve pas. — Elle s'incarna dans la mariée ; elle sentit son bras sur celui de son père ; elle ne vit plus que la rue, toute grise devant elle. Pauline disait à Octave :

— Je suis contente comme tout. Michelle est fameusement gentille en mariée.

Octave répondait :

— Je me sens si léger, que je sauterais par-dessus les maisons, si Michelle m'en priait.

Cela faisait rire Pauline, d'un rire bon et malin. Michelle en était ravie sous son voile, dans le nuage qui l'entourait. Les fleurs d'oranger ce son corsage embaumaient. Et elle apercevait le bout de ses souliers de satin qui se montraient tour-à-tour et disparaissaient comme de petites bêtes blanches un peu farouches.

Elle ne cherchait pas à s'expliquer comment il se faisait que Pauline était vivante. Ce qu'elle rêvait ne lui causait aucun étonnement. Et sa poitrine haletait sous la pression d'un plaisir sans mélange, d'une satisfaction longtemps désirée.

De loin, Michelle aperçut le suisse debout à l'entrée de l'église, sa hallebarde à la main. Il était grand, tout chamarré d'or, la culotte rouge, l'épée pendue à un large baudrier jaune. Elle pensa : mon père aurait bien pu louer des voitures, nous aurions marché plus vite. Nous ressemblons à une noce de village. Elle fut un peu honteuse. Mais Octave Blaisot disait :

— Dans une heure Michelle sera ma femme !..

Et elle baissa les yeux, craintive à l'idée qu'elle partagerait le lit du pharmacien, le soir même.

On touchait à l'église. Le soleil se vautrait devant le portail, jusqu'à une ombre précise, comme tracée au cordeau. Un tapis rouge descendait de l'autel chargé de fleurs, glissait vers la rue dans une demie obscurité, traversait la ligne d'ombre, éclatait de lumière...

Une horloge sonna quatre heures. Les coups se succédèrent nettement au milieu du silence.

Michelle se réveilla. Une main s'était posée sur son épaule.

— Quoi?... Que me veut-on? demanda-t-elle.

— C'est moi, ma fille, dit l'abbé Roche. Du courage!

Michelle effarée jeta les yeux autour d'elle. A la lueur d'une lampe, six hommes la regardaient. Elle n'en connaissait que deux : son confesseur et le directeur de la prison. L'un était le greffier de la cour d'appel; le second, le commissaire de police du quartier; le troisième, le chef de la sûreté générale; le quatrième, M. Roch le bourreau.

Le chef de la sûreté s'avança en disant :

— Habillez-vous... du courage!

Michelle retomba sur son lit; mais se redressant aussitôt, claquant des dents, affolée sans plus se soucier des six hommes qui étaient là, elle sauta en chemise à bas de son lit et s'habilla rapidement.

V

Devant la prison, une brigade de gardiens de la paix du onzième arrondissement a déjà fait évacuer la place, rejeté la foule vers les rues avoisinantes. La guillotine peut respirer avant de se mettre à l'ouvrage. Elle s'élève badigeonnée de rouge, l'aspect tranquille, trop maigre et trop basse pour sa besogne, entre deux longs refuges couverts d'arbres ébouriffés, dans la ruelle qui conduit de la rue à l'entrée principale de la Roquette.

L'air est piquant. Le ciel d'un gris crayeux éteint une à une ses étoiles. Elles disparaissent. Les becs de gaz luisent seuls dans le petit jour, traversant la place de la Roquette, montant jusqu'au cimetière du Père-Lachaise, descendant vers la Bastille, laissant comme un remous énorme de maisons, à mesure que l'éloignement les rapproche les uns des autres, enserre une épouvantable cohue grouillante entre deux cordons illuminés.

Contre la guillotine, un homme fume. Il parait très-agité, à en juger par les minces tourbillons blancs qu'il tire à chaque instant d son cigare. C'est Barbelet.

Le long de la prison des jeunes détenus, sur la place, des soldats de la garde républicaine, à cheval, sont rangés. De temps en temps, un cheval hennit, un autre piaffe et se cabre. Les casques brillent. Un cliquetis d'acier qu'on agite retentit presque continuellement.

De nouvelles escouades de gardiens de la paix arrivent, afin de renforcer le service. La foule hurle, s'ouvre sur leur passage, les verse sur la place où ils défilent sans bruit, tout noirs, au milieu du vacarme grandissant. Une cinquantaine d'individus en chapeaux haute-forme, frileux dans leurs pardessus, causent en se promenant autour de la guillotine. Et tantôt l'un, tantôt l'autre, on les voit s'arrêter près d'elle, se la désigner d'un geste, puis passer. Toutes les conversations, toutes les inquiétudes l'assaillent.

Elle, dans sa rigidité, garde son aspect de justicière impassible, de nerveuse puissante malgré sa maigreur.

Le brouhaha colossal augmente encore. Ce sont les gendarmes de la Seine qui se font jour parmi les curieux. Ils débouchent sur la place, au trot. Les fers des chevaux résonnent, glissent sur les pavés avec des étincelles. On les voit s'aligner en face la guillotine. Une bête rétive lance des ruades. Le nombre des spectateurs ne cesse de s'accroitre. Il en vient de tous les côtés, par la rue Saint-Maur, par la rue de la Roquette, par les rues Servan, Merlin, de la Folie-Regnault, des Boulets, par la rue de la Vaquerie, par la rue Gerbier. A l'unique fenêtre d'une baraque sur laquelle on peut déjà lire : cordonnier, sept ou huit personnes se tiennent serrées les unes contre les autres. Aristide Poupelart, Segurola, Guy de Lassalle et Barbelet qui les a rejoints, forment là un petit groupe compact.

Quelquefois, comme pour marquer les minutes qui s'écoulent, un voyou chante à tue-tête sur un air connu : On va lui couper la tête ! Et le vacarme crève d'éclats de rire, d'apostrophes drôlatiques, de disputes.

La lie des bals publics a quitté le Château-Rouge, la Boule-Noire, la Reine-Blanche, l'Elysée Montmartre, bien d'autres bouges encore, pour assister à l'exécution. Beaucoup de femmes et d'hommes déguisés piétinent dans la foule ; sous certains manteaux qui s'entrouvrent, on distingue des coins de maillot rose, un morceau d'étoffe bizarre, l'éclair vif d'une paillette. Au premier rang des spectateurs, le bonnet en pain de sucre d'un pierrot agite sa hauteur blanche.

Et l'aurore se lève sur le mercredi des cendres, toute pâle au-dessus de la prison des jeunes détenus, tandis qu'une longue clarté un peu jaune envahit le ciel, paraît souffler sur des vapeurs amoncelées derrière les sombres verdures immobiles du Père-Lachaise.

Les becs de gaz s'éteignent un à un, comme précédemment les étoiles.

Un aide-bourreau monte sur un marche-pied, se mouche, puis se met à essuyer minutieusement la rosée matinale qui perle sur les traverses de la guillotine.

Soudain, avec un grincement rude, la grande porte de la Roquette s'ouvre à deux battants. Un second grincement, celui-ci, sec, âpre, lui répond. Les gendarmes ont dégainé. Quelques cris éclatent : Taisez-vous ! taisez-vous ! Le tumulte s'éloigne en décroissant dans la foule. Un hennissement rauque de cheval déchire l'air, très-saisissant au milieu de ce silence qu'entoure un immense bourdonnement semblable au vacarme lointain d'une tempête déchaînée. Un spectateur se découvre.

Monsieur Roch apparaît. Quatre de ses aides le suivent. Puis vient Michelle, blême, les yeux baissés, le cou nu, les mains liées derrière le dos. Sa tête ne lui appartient déjà plus. Elle se souvient d'une affiche de théâtre qu'elle a vue, autrefois, sur un kiosque ; et ses lèvres murmurent : la belle Hélène !... la belle Hélène ! Et dans sa robe noire, avec ses cheveux coupés, elle se montre, poétique et lamentable, comme une muse condamnée à mort. Un aide-bourreau la soutient... L'abbé Roche lui parle... Il lui fait baiser un crucifix. Il l'embrasse... Michelle aperçoit l'inévitable machine, recule, cherche à fuir, tombe sur les genoux... Monsieur Roch la saisit, l'emporte, la jette sur la bascule... Puis, un coup pesant et sourd !... Chacun l'a entendu ce coup, dans les boucheries.

Un flot de sang jaillit sur la lunette, sur les montants de la guillotine ; il coule sur le pavé vers le ruisseau.

VI

Pendant ce temps, à Montmartre, Jeoffrin dormait dans sa chambre d'hôtel. La veille, il avait été aux Folies-Dramatiques où on jouait les *Cloches de Corneville*; puis, tout en flânant, il était venu se coucher.

A dix heures du matin, il s'éveilla, fit sa toilette, se promena sur le boulevard de Clichy, et acheta un journal.

L'air était doux. Le ciel plein de nuées floconneuses changeait à chaque instant, grâce à une brise molle. La terre et les pavés humides s'allongeaient d'un gris obscur. Le dégel rendait noire l'écorce des arbres. Au-dessus des boutiques, les fenêtres des maisons allumées d'un côté de la rue par le soleil avaient des airs de satisfaction muette. Et la brise qui prenait le boulevard en longueur, soulevait des odeurs de toutes sortes qu'elle arrachait aux épiceries, aux fabriques de couleurs, à un soupirail de restaurant, aux triperies hérissées de crocs où pendaient des mous de veau roses, des foies épais comme du sang coagulé, un tas de saletés bonnes à manger, entre des touffes de persil d'un vert fripé. Au coin d'une rue, un gardien de la paix causait avec une bonne en bonnet et en tablier blancs. Le long des trottoirs, des marchands, des femmes poussaient de petits camions gais bourrés de choux, de carottes, de poireaux, de légumes, de poissons morts raides sur des lits d'herbe ; tandis que des fiacres roulaient doucement, que le cornet d'un tramway résonnait dans la matinée, qu'un lourd omnibus jaune, son impériale presque déserte, tournait la rue Fontaine et descendait vers l'intérieur de Paris. Au sommet d'une maison, une cheminée qu'on ne voyait pas, éparpillait des traînées de fumée noire.

Jeoffrin avisa un cabaret dont la tournure lui plut, et y entra.

Dans une salle dont le papier imitait un treillage brun sur fond jaune, quelques tables étaient dressées, couvertes de nappes en grosse toile, toutes portant des verres et une grossière carafe. Sur le comptoir, devant lequel une vieille dame en bonnet noir à ruches tricotait, deux aucubas dans des pots de grès à dessins bleus, mettaient la gaîté de leur épais feuillage vert tacheté de jaune. Installé à une table, au fond du restaurant, un jeune homme dévorait des haricots rouges.

— Garçon, la carte! demanda Jeoffrin

Un vieux bonhomme, l'air timide, s'approcha de lui :

— Nous avons du céleri, des radis et du beurre, de la morue hollandaise, du ragoût de mouton, gigot froid, biftecks, côtelettes... Monsieur désire?

— Un bifteck aux pommes, commanda Jeoffrin.

Et déployant son journal, il se mit à lire. Autour de lui, sur lui, le soleil batifolait, s'attardait sur les tables, éclaboussait le comptoir, piquait les carafes, sommeillait en ligne mince et droite dans le sable répandu sur le parquet. Un bruit clair de friture crépitait.

Quand on lui apporta le bifteck demandé, Jeoffrin déposa son journal près de lui, sur la nappe. Et tout-à-coup, pendant qu'il mangeait en lisant, il s'arrêta, sa fourchette en l'air, les yeux fixes, la bouche pleine. Une sueur lui perlait sur le visage; ses genoux s'entrechoquèrent :

« Ce matin, à quatre heures et demi précises, disait « le Gaulois », s'est dénoué, sur la place de la Roquette, l'épilogue du drame horrible qui, depuis plusieurs mois, émouvait Paris, la France... Michelle Jeoffrin a payé de sa tête le crime... »

Jeoffrin ne put achever. Il laissa tomber sa fourchette, empoigna son journal à deux mains, le pétrit et le fourra dans sa poche de derrière. Une voix lui criait : Sauvé ! tu es sauvé ! elle n'a point parlé.

Quelque chose sautait en lui, qui lui barrait la poitrine, qui l'étranglait, qui forçait des larmes à lui monter aux yeux. Son aérostat lui apparut vibrant dans un ciel bleu, évoluant sans encombre, montant, descendant à sa fantaisie, volant à gauche, à droite, comme un aigle apprivoisé, sur un geste de lui. Il entendit les applaudissements frénétiques d'une foule, dans un abîme, loin de lui, sur la terre. On ne sait quel océan fantastique, dans des profondeurs incommensurables, s'agitait, claquait contre des rochers fabuleux avec des sonorités de bronze. Des salves d'artillerie tonnaient dans l'atmosphère. Les nuages tourbillonnèrent devant son épanouissement, comme des trophées d'étendards agités par le vent. Durant plusieurs minutes, il se vit harnaché de soleil, planant parmi les astres, emporté par un dragon souple, obéissant, féerique. Il se crut roi des immensités, à l'abri des catastrophes, de la justice humaine, des événements, de la mort. Et il voyagea au milieu des aubes transparentes, des nuits étoilées, dominateur, maître des crépuscules, dompteur de foudre.

Aucun remords ne lui cerclait le front. Sa face était redevenue impassible. Alors, envieux de relire le compte rendu de l'exécution de sa fille, il tira le journal de sa poche, le déploya, le lissa, le parcourut de nouveau, froidement cette fois.

« Par une circonstance exceptionnelle, le corps au lieu d'être porté au cimetière d'Ivry, dans le panier habituel, a été placé dans une bière, la tête entre les jambes. Ce qui laisse à supposer qu'il a dû être réclamé par la famille. »

Ce paragraphe le frappa. De quelle famille veut-on parler, se demanda-t-il? J'imagine que la famille de Michelle et moi ne faisons qu'un. Puis il se dit: C'est, sans doute, Barbelet qui aura pris sous son bonnet de réclamer en mon nom les restes de sa filleule.

Il continua son déjeuner. Après son bifteck, il mangea des choux-fleurs; après les choux-fleurs, du fromage, un fruit. Sa découverte le passionnait plus que jamais. A cette heure, il l'aimait plus follement qu'un homme ne peut aimer une femme, plus ardemment qu'un joueur le jeu, qu'une admirable mère son enfant.

Il régla son addition, et la tête haute, salué par la vieille dame du comptoir, reconduit jusqu'à la porte par le garçon, il se dirigea d'un pas allègre vers le boulevard des Italiens. Il marchait très-vite, le regard assuré, la barbe longue, serré dans son pardessus noir saupoudré de blanc. Le contentement qu'il ressentait lui mettait une lueur

dans les yeux, une coloration rosée sur les joues.
De temps à autre, il s'arrêtait devant une boutique, séduit par la tranquillité des profondeurs derrière les vitres, par l'agrément des étalages. Des statuettes de plâtre l'intéressèrent ; il trouva même que l'une d'elles ressemblait beaucoup à la défunte madame Jeoffrin, dans sa jeunesse. La rue Notre-Dame-de-Lorette était heureuse. Le soleil de midi la chauffait bénévolement, et sur les toits, il se livrait à des gambades énormes Les passants très-peu nombreux avaient tous un air de santé. A l'angle de la rue Drouot et du faubourg Montmartre, une bande de galopins battait le pavé au sortir de l'école, se poursuivait, criait avec mille joies d'oiseaux à qui on vient d'ouvrir leur cage.

Un quart d'heure après, Jeoffrin était assis dans le café Riche, devant un mazagran et un carafon de cognac, à côté de plusieurs journaux enroulés autour de leurs soutiens, sur le marbre blanc des tables. Il les parcourut tous, savourant dans chacun le régal qu'il offrait avec l'exécution de Michelle. Le *Figaro* parlait longuement d'elle ; il lui avait consacré deux colonnes.

Jeoffrin buvait son café, et de temps en temps, un tapage d'argent froissé lui rappelait qu'il possédait cent mille francs gagnés par lui à la sueur de son front, au péril de sa vie. L'intérieur du café était très-chaud. Une mollesse lourde envahissait Jeoffrin, lui faisait trouver du plaisir à se sentir assis sur une banquette rembourrée, les reins calés par un dossier moelleux. Il cessa de lire, et devint la proie d'une rêvasserie croissante un peu pénible. Il eut envie d'ôter son pardessus, mais ne bougea pas, tant le bien-être corporel qu'il ressentait dans cette atmosphère l'avachissait, lui laissait comme un reste de volupté ressentie. Ses genoux étaient lourds, ses bras pesants, d'une lourdeur et d'une pesanteur agréables. Jeoffrin digérait. Le parfum d'un excellent cigare qu'on fumait à une table voisine agissait sur ses nerfs, le poussait à fumer lui-même. Il demanda des cigares. Maintenant il lampait du cognac, s'en humectant les lèvres, le fondant avec de la salive, par petites gorgées dont le bouquet vaporisé lui montait à la tête, l'emplissait d'un commencement d'ivresse délectable. Une glace lui renvoyait la rondeur de son crâne chauve, au milieu d'une fumée lente. Le va-et-vient continu des garçons, les éclairs de leurs tabliers blancs, le choc des boules d'un billard, le tapage roulant d'une paire de dés sur le bois d'un jaquet, le bruit sec des dominos sur du marbre, un fracas de portes dont les vitres menaçaient de se briser chaque fois qu'un individu entrait ou sortait, l'entouraient d'un concert soporifique. Et il vida le carafon de cognac, presque sans s'en apercevoir, ne distinguant plus les gens autour de lui qu'à travers un nuage blanchâtre et sautillant.

L'image de sa fille, son aérostat ne le poursuivaient plus. Son œil errait partout, sur les visages sur le plafond noirci, sur la hauteur des glaces, sur la forme des chapeaux, sur un lustre, sur les vêtements accrochés. Cet homme si sobre avait une soif inextinguible. Il demanda un bock, pour se rafraîchir, espérant que la bière allait lui glacer la poitrine, lui desserrer la gorge.

Quand il se leva pour quitter le café, ses jambes lui pesaient. Il ne sentit pas le froid, mais celui-ci n'en agissait pas moins sur lui ; puis ses jambes, toujours ses jambes ! il avait un poids suspendu à ses semelles. La soif le reprit. Il entra dans un nouveau café, à la Régence. Et toute son après-midi se passa ainsi à boire, à courir de café en café. Il ne pensa pas une minute à retourner chez lui, aux Moulineaux. A six heures et demi, il s'installa au café du Cardinal. Une place était vide près d'une porte. Jeoffrin aperçut de l'absinthe dans un verre ; il en voulut. A chaque instant il rallumait, puis laissait éteindre son cigare. Et il se balançait sur sa chaise, devant sa table, silencieux, promenant des regards ahuris sur tout le monde, s'attachant à certaines physionomies, rejetant avec fureur des allumettes qui s'éteignaient par sa faute. Son voisin de gauche était un gros garçon, rougeaud, à barbe rare; Jeoffrin s'éprit de cet homme; et les pensées de l'ancien horloger le dorlotèrent avec cette même affection qu'il avait jadis témoignée à Poupelart et à Barbelet. Alors, la bouche pâteuse, éprouvant la nécessité de déposer une confidence dans le gilet de quelqu'un, après avoir dialogué un instant en lui-même, il dit :

— On a guillotiné ma fille, ce matin.

Et comme le gros rougeaud ricanait d'un air incrédule, il ajouta :

— Parole d'honneur !

Quelqu'un le remarqua dinant chez Brébant. Il ne mangeait presque pas, buvant toujours, se plaisant au milieu de l'odeur fade des mets, sous le rayonnement des becs de gaz, essayant de se raidir sur une banquette, dominé par le vin qu'il ne cessait d'ingurgiter. Au sortir de chez Brébant, une fantaisie d'ivrogne le conduisit dans un salon de coiffure où il se fit tailler la barbe au ras de la peau, comme il avait coutume de la porter avant la mort de Pauline. Puis, il rôda sur les boulevards, trébuchant un peu.

De longs nuages pareils à de gigantesques voiles noirs s'accumulaient les uns sur les autres. Un orage se préparait. Les promeneurs, sur les trottoirs, moutonnaient comme une houle entre le flamboiement des magasins et l'éclairage des chaussées. Les voitures passaient, filaient, se croisaient, très-sombres, flanquées de points verts, jaunes, rouges, traînant comme la joie d'une fête vénitienne dans l'obscurité, entre deux courants de foule. Les lanternes des omnibus ressemblaient à des prunelles de bêtes extraordinaires, très-attentives. Le long de certains trottoirs, une station de fiacres dormait, gardée par un kiosque chargé d'affiches lumineuses. Un bruit énorme de grondement lourd, de pieds frappant le sol, de voix, clamait, montait se perdre vers les nuages orageux.

Jeoffrin écœuré abandonna le boulevard.

Rue Richer, une illumination à la hauteur d'un premier étage l'attira. C'était les Folies-Bergère. Le couloir lui en parut superbe ; et machinalement, il suivit des gens qui s'y engouffraient, paya son entrée. Le promenoir était plein d'un monde occupé à tourner là, en demi cercle : des hommes tous à peu près semblables, des femmes en tapageuses toilettes de ville, découvrant des morceaux de poitrine, des rondeurs charnues. Une guirlande de becs de gaz attachés à des balcons brillait d'un jour lunaire dans des globes dépolis. L'aspect rouge de la salle, une bouquetière fleurie comme un parterre, une scène où des acrobates se tordaient avec des contorsions baroques au milieu d'un décor d'arbres, un orchestre dont les bras s'agitaient, des gens assis, des comptoirs servis par des femmes blondes, l'éclat d'une jupe de satin jaune éblouissante hébétèrent Jeoffrin. Ses yeux ne pouvaient rien fixer. Et autour de lui, cette cohue qui marchait, ces femmes qui traînaient d'interminables queues de robe lui tiraient un feu d'artifice de visages, d'épaules, de costumes voyants, dans une boîte rouge. On riait en se le montrant; mais son ivresse était si sérieuse qu'on ne le plaisantait pas. L'orchestre jouait l'ouverture de la *Syrène*. Jeoffrin ne percevait que les sons aigres d'une petite flûte, qu'un grincement de cuivres. Son esprit se débattait dans du vague. Il aperçut des buveurs dans un enfoncement, et il alla boire.

A présent, sur la scène, des femmes dansaient. Vives et turbulentes, elles ressemblaient à des mouches d'or.

Jeoffrin finit par s'échouer sur une banquette. Quand il fermait les yeux, le peu de raison qui lui restait l'emportait dans des couches de lumière où les rires de la petite flûte et le tonnerre des trombones prenaient des formes indéfinissables.

Une femme brune s'approcha de lui, et la voix doucereuse lui dit :

— Voulez-vous m'offrir un bock, monsieur?

Jeoffrin la regarda. Elle était enveloppée dans

une espèce de fourreau de velours noir qui dessinait ses hanches robustes. La chair de sa poitrine, de ses seins énormes, de son cou gras, encadrés de dentelles apparaissait au-dessus d'une rose rouge. Ses cheveux lui retombaient jusqu'aux yeux, coupés droit sur des sourcils peints. Elle avait un chapeau blanc. Une épaisse couche de poudre de riz marbrait ses joues pendantes. Elle renouvela sa demande :

— Offrez-moi quelque chose.

Jeoffrin attiré par sa chair lui caressa la gorge. Elle souriait. Alors il se leva et lui tourna le dos. Elle l'appela : vieux farceur !

Il leva les yeux. Au milieu des lustres, à quelques mètres du plafond, un gymnasiarque en maillot blanc, en caleçon bleu, était pendu par les dents à un trapèze. On applaudissait.

Jeoffrin revit son aérostat, il s'enfonçait dans un coucher de soleil. Des phrases s'échangeaient autour de l'ancien horloger :

— J'habite rue Geoffroy-Marie, 12, au deuxième, porte à gauche. Vous demanderez madame Olympe.

— Es-tu libre mardi ?

— Le mardi, jamais. Je me couche à neuf heures et demie, c'est le jour aux amants de cœur.

— Monsieur Bataille, tapissier très-distingué !

Jeoffrin reconnut tout à coup Guy de Lassalle fort occupé à serrer une dame de comptoir par la taille. Le jeune gommeux, son chapeau sur l'oreille, criait :

— Joséfa, tu ressembles à Théo, tu ressembles à Judic ; à qui donc ressembles-tu encore ? Je t'aime, tu es un ange.

Jeoffrin lui tourna les talons ; puis, plus ivre que jamais, il redescendit au rez-de-chaussée, s'assit à une table et demanda de la bière. Là, il sommeilla un instant, l'estomac embarrassé. Quand il ouvrit les yeux, sur la scène, dans une pantomime, un homme déguisé en singe mourait au milieu d'un groupe qui larmoyait.

La peau dont l'acteur s'était affublé paraissait ruisseler de sang. Son masque avait une horrible blessure. Jeoffrin se rappela Michelle ; il la vit meurtrie, la tête coupée, dans toute la hideur de la mutilation qu'on lui avait infligée. Les murailles et les tentures rouges des Folies-Bergère l'entouraient comme d'une marée montante de sang. Sa main rencontra quelque chose de mouillé, près de lui, sur la banquette. Il acheva son verre d'un seul trait, se leva, et se sauva dans la rue. Il avait l'estomac barbouillé. Le grand air calma sa fièvre. Il oublia Michelle, le sang qu'il avait cru toucher. Retourner aux Moulineaux ! telle fût l'idée fixe dont il devint la proie.

Et il partit à pieds, par économie, fort peu solide sur ses jambes.

Le temps s'était rafraîchi. Pas un souffle d'air n'agitait les petits arbres des boulevards. Le ciel était d'un noir d'encre. Jeoffrin gagna la Madeleine; dépassa la rue Royale, traversa la place de la Concorde, la Seine que de longues arêtes de lumière tremblantes couvraient. Il marchait sans une pensée dans la tête, avec des envies de pleurer enfantines, parce qu'il trébuchait. Cependant, il prenait la direction voulue, ne se trompant jamais de rue, manquant de culbuter parfois, suivi par l'œil des gardiens de la paix. Rue de Bourgogne, un fiacre faillit l'écraser. Boulevard Montparnasse, il tomba sur un tas de sable. Rue de Vaugirard, il se cogna rudement contre un volet qu'on n'avait pas fermé. Un ouvrier qu'il bouscula lui donna un coup de poing. Jeoffrin marchait toujours, les dents serrées, payant sa sobriété habituelle par une ivresse qui lui ôtait la faculté de raisonner, maugréant des mots sans suite au milieu desquels : aérostat, Michelle, Pauline, revenaient comme un refrain. Et la nuit les recueillait, les emportait dans ses profondeurs insondables, les roulait dans l'amoncellement de ses nuées opaques. — Près des fortifications, il entra encore dans un cabaret où on lui servit du cognac. A présent, il ne distinguait même plus les maisons. Un reste d'intelligence le poussait seul à se guider grâce à la lueur des becs de gaz. Paris le rejeta.

Un vent du nord s'était levé. Il empoigna Jeoffrin dans la grande rue d'Issy ; celui-ci le sentait venir par raffales qui se plaignaient, qui s'acharnaient sur tous les objets mobiles, les secouant par des étreintes fortes et passagères. Au sortir du bourg, Jeoffrin se trouva dans l'obscurité. Il y eut une poussée de vent, si puissante qu'elle lui enleva son chapeau et lui retroussa son pardessus comme pour le fouetter. Les arbres du parc d'Issy craquèrent. La grande rue, derrière Jeoffrin, vibra, s'emplit de bruits effroyables. Une cheminée tomba sur le pavé, avec un fracas de maison entière qui s'écroule. L'ancien horloger s'arrêta.

L'immensité du ciel entraînait des nuages noirs frangés de feu d'une longueur démesurée. Quelques gouttes de pluie mouillèrent le crâne chauve de l'ivrogne. Alors il s'aperçut qu'il n'avait plus son chapeau, et dans sa tête une pensée se fit jour : le retrouver. Il chercha, tenace, un peu fou. Mais la nuit s'enflamma ; un éclair troua les nuages ; la foudre se mit à rouler, à grandir, à décroître... Une commotion précipita Jeoffrin par terre, sur les mains. Il se releva. Des torrents de pluie mêlés à des flocons de neige, à de la grêle, crépitaient sur le sol et sur les peupliers de l'avenue. Une averse de pierres n'aurait pas frappé la boue avec plus de fureur. Jeoffrin dégringola dans un fossé, mais il ne se découragea point, et regrimpa sur la route. L'énergie lui était revenue pour lutter contre l'ouragan. Il accrocha un arbre entre ses bras et s'y cramponna.

Le ciel, par moments, flamboyait comme une fournaise, semblait se fendre en deux, afin d'engloutir la terre sous un déluge de feu ; mais un violent coup de foudre le calmait. Le vent s'attaquait aux nuages, et l'obscurité reprenait tout. Puis l'orage cinglait le parc d'Issy, lui cassait des branches, forçait les arbres unis entre eux comme des frères à se ruer les uns sur les autres avec des bruits d'armée en marche, à se débattre sur leurs pieds enracinés, à secouer la mousse vénérable de leurs troncs. Et quand la foudre clamait, lâchant comme d'immenses décharges d'artillerie, sous les éclairs qui paraissaient vouloir les brûler, les arbres se tordaient. Et leur désespoir était colossal. On eût dit qu'ils se sentaient prisonniers, qu'ils entendaient quelque part les râles et les supplications d'autres arbres plus maltraités qu'eux.

Cette pluie battante, les vêtements de Jeoffrin trempés sur son corps, un vague sentiment de terreur l'avaient un peu dessoulé. Il souffrait de l'estomac et grelottait. Le vent s'apaisa. Le tonnerre s'éloignait, grondant encore dans les lointains, inondant d'éclairs la longueur de l'avenue, les champs, Issy, le parc. Les ruisseaux coulaient, se dégorgeaient avec un murmure froid. Pendant la durée d'une lueur, Jeoffrin fut épouvanté par l'innombrable quantité de flaques d'eau éparses qui scintilla autour de lui. Une touffe d'herbes dessina ses fines lances inclinées. Puis une sueur monta au front du vieil horloger, lui perla sur tout le corps. Il eut un haut-le-cœur et se mit à vomir avec des hoquets. La pluie tombait toujours. Le parc n'avait plus que des palpitations, et il se dressait dans l'averse, sous les éclairs fauves, comme fier de sa résistance héroïque.

Jeoffrin reprit sa route vers les Moulineaux. Il avançait lentement, piétinant dans les flaques, l'échine courbée. Il dégouttait de pluie, buttait contre les pierres, heurtait des troncs, si fatigué qu'il n'avait pas la force de se plaindre, tant la fin de son ivresse et les brûlures de son estomac étaient douloureuses. La nature courroucée semblait avoir voulu venger les filles de ce drôle génial et sinistre.

Quand il arriva devant sa porte, il poussa un profond soupir de soulagement. Il ne pleuvait presque plus. Le ciel s'était un peu éclairci. Jeoffrin parcourut la façade de sa maison d'un lon regard de voyageur transi que le repos attend. Elle s'allongeait triste, humide, d'une blancheur obscure. Ses fenêtres regardaient la rue comme des yeux crevés. Il eut de la peine à trouver la serrure. Enfin! la porte s'ouvrit, et il monta dans sa chambre. Là, il alluma une bougie, se déshabilla, passa une chemise et s'enveloppa dans une longue robe ouateuse.

L'envie de grimper jusqu'à son bureau, de voir le modèle de son aérostat le tracassait. Il rassembla ses dernières forces, et sa bougie à la main, sans s'inquiéter de la solitude de sa maison qu'il avait faite vide, il se dirigea vers son cabinet de travail. Celui-ci était tel qu'il l'avait laissé. La table s'étendait parsemée de papiers. Le fauteuil était toujours adossé au mur. Dans le même coin que jadis, le modèle de l'aérostat, sous sa couverture, avait un léger balancement singulier; il semblait vivre. Jeoffrin le découvrit. Le ballon s'enleva un peu. Il était retenu au parquet par des poids en plomb, si petit, si drôle, qu'on l'aurait confondu avec un jouet d'enfant. Il n'impressionna pas l'ancien horloger. La pluie qui avait recommencé, tambourinait sur les vitres de la fenêtre une marche monotone.

Jeoffrin attira le fauteuil vers lui, le tourna du côté de son modèle, s'assit. L'espoir lui revenait, un espoir ambitieux. Les battements de son cœur étaient réguliers. La contemplation muette à laquelle il se livrait, lui emplissait l'esprit de béatitude, soulageait ses membres de leur fatigue. Il s'endormit. Au-dessus de la table, la bougie grésillait surmontée d'une longue flamme tremblotante.

VII

Le lendemain, à onze heures, un coup de sonnette brutal réveilla Jeoffrin. Il avait froid; néanmoins il se leva de son fauteuil et se dirigea vers une fenêtre qu'il entrouvrit avec précaution pour savoir qui venait le déranger. La frayeur faillit le renverser. Un garde de Paris très-haut sur son cheval, se tenait devant la porte. Il sonna de nouveau. Jeoffrin ne bougea pas. Une voix, celle de Joséphine Thiry cria :

— Inutile de sonner, il n'y a personne.

Le garde répondit :

— J'ai une lettre du ministère pour monsieur Jeoffrin.

— Glissez-la sous la porte.

Il y eut un cliquetis de sabre, un moment de silence, un nouveau cliquetis de sabre, puis le bruit des sabots d'un cheval qui tourna et s'éloigna au trot.

Jeoffrin descendit dans son vestibule, se jeta presque sur la lettre, l'ouvrit.

Voici ce qu'elle contenait :

DIRECTION DU COMMERCE
INTÉRIEUR

« Monsieur,

« J'ai reçu la demande que vous m'avez
« adressée le... à l'effet d'obtenir un secours.

« J'ai l'honneur de vous informer que mon
« administration se trouve dans l'impossibilité de
« prêter son concours à une entreprise d'un ca-
« ractère essentiellement privé.

« Agréez, monsieur, l'assurance de ma par-
« faite considération.

« Pour le ministre et par délégation :

« *Le directeur,*

« MASSOUDIER. »

Parbleu! se dit Jeoffrin. Est-ce qu'il s'imagine m'apprendre quelque chose de neuf, ce brave monsieur ?... J'avais pris mes précautions, heureusement !... Je me moque de son argent, du ministère, du ministre... Quant au Massoudier, c'est un salop!... J'ai cent mille francs...

Il pensa : Michelle était une bonne fille tout de

même !... Pour le quart d'heure, il s'agit de s'occuper de l'aérostat, et vivement... — Ah ça ! il me faut un nouveau nom... Je ne peux plus m'appeler Jeoffrin...

Il se creusa la tête afin de trouver un nom à son goût ; il le trouva :

— Je m'appellerai Rogelet.

Et tout en remontant vers sa chambre, il répéta : Rogelet... oui, Rogelet, Rogelet.

FIN

Tours. — E. Mazereau, imp. breveté.

www.ingramcontent.com/pod-product-compliance
Lightning Source LLC
Chambersburg PA
CBHW050755170426
43202CB00013B/2441